Sydney 1995
Firsts Impresiones
and Questions

Olgaska

BALBOA.PRESS
A DIVISION OF HAY HOUSE

Puede hacer pedidos de libros de Balboa Press en
librerías o poniéndose en contacto con:

Balboa Press
Una División de Hay House
1663 Liberty Drive
Bloomington, IN 47403
www.balboapress.com.au
AU TFN: 1 800 844 925 (Toll Free inside Australia)
AU Local: 0283 107 086 (+61 2 8310 7086 from outside Australia)

Debido a la naturaleza dinámica de Internet, cualquier dirección web o
enlace contenido en este libro puede haber cambiado desde su publicación
y puede que ya no sea válido. Las opiniones expresadas en esta obra son
exclusivamente del autor y no reflejan necesariamente las opiniones del editor
quien, por este medio, renuncia a cualquier responsabilidad sobre ellas.

El autor de este libro no ofrece consejos de medicina ni prescribe el uso de técnicas
como forma de tratamiento para el bienestar físico, emocional, o para aliviar
problemas médicas sin el consejo de un médico, directamente o indirectamente.
El intento del autor es solamente para ofrecer información de una manera
general para ayudarle en la búsqueda de un bienestar emocional y spiritual. En
caso de usar esta información en este libro, que es su derecho constitucional, el
autor y el publicador no asumen ninguna responsabilidad por sus acciones.

Las personas que aparecen en las imágenes de archivo
proporcionadas por Getty Images son modelos. Este tipo de
imágenes se utilizan únicamente con fines ilustrativos.
Ciertas imágenes de archivo © Getty Images.

Información sobre impresión disponible en la última página.

ISBN: 978-1-5043-2448-9 (tapa blanda)
ISBN: 978-1-5043-2449-6 (libro electrónico)

Fecha de revisión de Balboa Press: 01/30/2021

Primeras impresiones in Sydney 1995 y muchas preguntas

By: Olgaska

I

Prologo

Es maravilloso Cuando se esta en una casa por primera vez, se vera que te atrae mas, que te gusta, como te hace feliz, como poder expresar esa maravilla que te puedes regocijar y hablar con ellos para tener felicidad o bien en una casa o departamento o finca, por otra lado que te fastidia, que te incomoda, que tu lo puedes detestar y que te hace la vida imposible de continuar viviendo, por la simple razón uno tiene que tener un plan para vivir bien porque todo depende de uno mismo, o como si tienes un esposo que no te da felicidad, por algún motivo eso es otro que son impresiones fatales para tener felicidad en una vivienda de familia o sola que se viva en cualquier rincón de una casa, o tener un solo cuarto si sabes vivir estarás o te sentirás contenta, también son grandes y maravillosas impresiones al rededor de una casa, o en la calle, o en otros sitios que podría darte maravilla y mucha felicidad en cualquier sitio donde vives y caminas etc. Y todo depende una persona para que su animo sea libre de todo mal en donde vive.

Muchas veces depende de todo que te rodea, como los vecinos, los animales en casa, tus visitas, tus familiares y amigos etc. Para mi a sido dicil como soy Sudamérica, recién llegada a las tierras de Kanguros y koalas que son mas los que tienen fama en Australia, eso es la razón que me puesto a escribir mis primeras impresiones en Sydney, también es una pena profunda que sacudió mi animo, quedando como sello en mi ser algunas veces felicidad y otras veces mucha tristeza en mi espíritu.

II

Mis primeras Impresiones en los años 1995

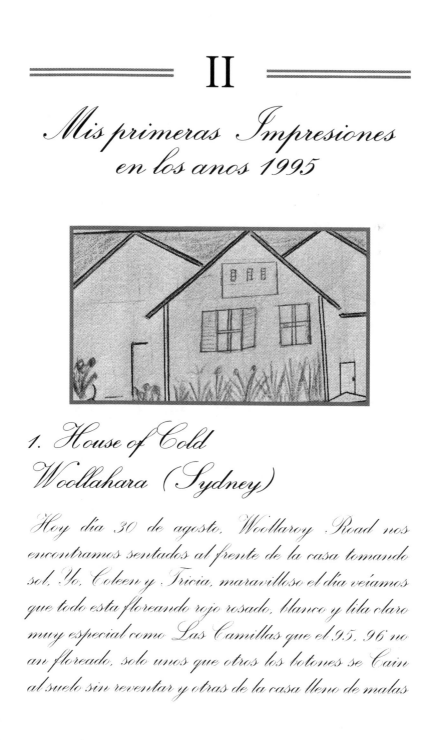

1. House of Cold
Woollahara (Sydney)

Hoy día 30 de agosto, Woollaroy Road nos encontramos sentados al frente de la casa tomando sol. Yo, Coleen y Tricia, maravilloso el día veíamos que todo esta floreando rojo rosado, blanco y lila claro muy especial como Las Camillas que el 95, 96 no an floreado, solo unos que otros los botones se Cain al suelo sin reventar y otras de la casa lleno de malas yerbas y el Graz alto también, dando una la mala vista.

Hoy dia trabaje bastante en el jardín corte, regué y termine cansada después de cocinar y look after de Coleen que en verdad es fastidiosa, se hace la loca me hace que de 100 vueltas en la casa, se pasa de perversa. 3pm

2. Happy Bierday We wish you?

Feliz cumpliano te deseamos Olga
Por primera ves la luz en las
Montanas de la Libertad
7 Agosto, las aves cantaron,
Y la luz entro en tu corazon
Feliz cumpliano queridisima

La tarjeta from Sydney Aussie
Rules Social Club Limited
Feliz cumpliano amada de Jesus
Las aves te cantaron y gritaron
Las flores te sonrien en colores
El Espíritu de Dios esta contigo
Los niños te aman, tu perro Tricia

Te quiere mucho y esta contigo
Te sigue y duerme toda las noches contigo
Feliz cumpliano adorada y dorada
En las ricas llenas luz y amor de Jesus. 30/7/97

3. White Swan

What a beautiful Cartucho
Only one smile and scream
Is for a little white only
After gets dray and fall off
When gets dray another came fresh
And smile and scream and scream
And said viva mi creador,
yes, viva tu sonrisa y tu colorido. W.H./7/96.

4. Naranjo

Este Naranjo que tiene solo 10 frutos esta
Por varios anos lo riego siempre sus hojas
Se caen y vuelven a brotar otras nuevas
Viven tranquilos pero cuando vienen moscas
Lo muerden las hojas o el aguacero y viento
Lo hacen temblar, pero esta por varios anos
No se hasta cuando va vivir. HW 7/8/96.

5. Clivia Winter

Para que florean estas plantas se necesita bastante agua, han comenzado a florear los primeros días de Setiembre todas an reventado, hermosos colores, ahora son ya Octubre, muchas en el jardín se ven hermosos sus hojas muy verdes largos sus flores. Naranjas me gusta mucho y todo los días durante que floreaban me encontraba muy contenta no importaba lo que, mi impresión era enorme viendo las plantas dependen los que viven para que se vean felices, son como los animales domésticas en casa, para mi era enorme no importaba que pasaba adentro de casa. 21/9/96

6. My dram came truth

Las days of September, I dream
In my lovely corner was full of potatoes
Today 5.20 pm I went to dig up
And I sow a nice small potato
Also a quite nice very little potato
I'm very exciting for them
And tell to Arene, she must
Ame and see my nice potato
All so I tell to Colleen,
Just I tell to Colleen,
Just I put the skins only
The potato with eyes and grow up
That is wonderfull to tell every one
I grow up potato in Woollahra home
I put another place as well, but
They didn't grow up them. 13/10/96

7. Madero Seco

Es mi primera impresión de este pobre Madero seco
Esta cortado y sentado en una piedra al frente de la
casa
Este pobre madero seco sirve solo para votarlo y
echarlo
Al fuego que solo lo miran sin lastima ni pena de
nadie
Mi impresiona tanto porque este pobre madero seco
Esta al frente de la casa quien viene lo mira con
desprecio

Porque no sirve para nada, solo sirve para cortarlo y hecharle al fuego, luego se hará cenizas y todo el Mundo será el crujir de dientes, como maldiction que dan

El publico son enemigos del mal y de bien asi terminan. WH 7/8/96.

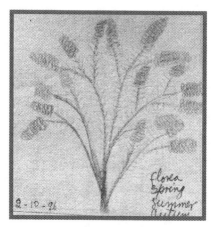

8. Bottlebrushes Sylvester

Este hermoso árbol ha dado mas flores este ano
Esta lleno de flores rojas he cortado varios para
La sala lo puse en la jarra azul se ven lindas
Me pone tan feliz se ve tan lleno todo la sala
El hermoso árbol dese que estoy en casa he cuidado
Hechando agua siempre, así como toda las plantas
Antes las dos señoras no les a importado de nada
Porque son viejas de 95 y 55 anos y no les gusta.
Eso es la razón que no an dado flores, ellas quieren
cuidado del que lo ve y ama a las plantas. WH
2/10/96

9. Esta rosa

Esta rosa ha sido cortada ciento de veces, la jardinera de hoy

Lo corta siempre y no lo deja que crezca ningunas hojas o cogollos,

Seria bueno si retoña un un bracito de esta rosa que pena me da

La jardinera lo corta ves y otra ves así que no puede crecer nada

Porque es vieja no lo se si tendrá 3 décadas, pero desde que he llegado no da rosas, pero si salen hojas verdes pero no capullos para que sea rosa bonita.

Sus raíces están plomas y se ven bien viejas, pero sigue brotando sus hojas Yo pienso que un día se secara luego se votara y en ves de esta rosa vieja, Se plantara otra para que tengan flores o rosas para mirarlo y percibir su aromas, sus colores, sus tallos, y todo lo que tienen una rosa cuando vive y deja que otros lo vean escuchen de su hermosura y no se rían con crujir de dientes como malvados en la tierra, porque las rosas dependen su cuidado como dueños que aman la naturaleza creada. W H 7/8/96

10. Camillas

Esta camillas me dan pena mirarlos, estas pobres camillas en casa hay dos, uno atrás de la cocina en maceteros y al frente hay otro árbol pero a pesar de todo y la verdad estoy aquí viviendo ya un ano siempre lo hecho agua a todas las camillas y luego an reventado muchos capullos con lindos colores rosadas, y los demas se an secado sus capullos así verdes se an caído de los maceteros an dado rosado claro eso fue todo nada mas que decir. Me imagino todas las plantas en cualquier lugar necesitan amor darles de comer y no solo aire, poreso da lastima que unas personas que viven en casa no se les interesa ni un comino por las plantas, pero eso si quieren ver que floren y estén verdes, también puedo poner un ejemplo si a

16

una persona no le dar amor, solo comida y ropa y mandarlo a la escuela, es importante también pero de mas prioridad es amor para que crezcan agradecidos de quien les mantiene con amor, y estas personas vivirán felices porque hubo unas personas que los amaron de verdad. así son los animales también no tienen boca para hablar y las plantas tampoco tienen boca para decir necesito amor de ustedes. 1/11/96

11. Planta que no planto ni retoño

Me impresiono tanto esta plantita la jardinera lo planto varias plantas en el jardín que tiene luz y aire y su posición estuvieron al frente de la casa, pero fue una lastima que no dio nada solo se seco sin dar Dana de planta verde, lo se porque lo mire que fue el 10 de Abril, luego en Mayo ya estaban secos, yo lo regaba y lo miraba que pasa porque no quiere crecer, tal ves la jardinero lo siembro con malas ganas y con maldicion, que pasaba si tenían buena tierra aire, sol, y lo hachaba agua, pero no quisieron nada estas pobres plantas eso fue mi impresión que se secaron terrible mente sus flores y sus tallos se quedaron así sin nada en el jardin, me impresiona tanto por eso lo he dibujado y pintado. HW 7/8/96

12. The ugly on the garden

Capullo comido
Cogollo destruido
Tallos saludables
Hojas muy verdes
Pobres rosas roídas
Cogollos quemados
Que hacer con ellos
Gusanos hambrientos
Saque veneno
Rocie a todos
Espero que gusanos

No vengan mas
Pobres gusanos
hambrientos también
Que hacer con ello
No lo se son animales. WH 11/10/96 5.20pm

13. Brewellid

Esta plantita cuando llegue en 1995 estuvo fea no atractiva pero estuvo al frente de la casa en un macetero de cemento todo al antiguo, pero que lastima era terrible su aspecto, un dia casi lo voto porque estaba fea, fea, luego cambie de parecer lo deje por varios meses pero lo regaba y lo cuidaba hechando a su raíces agua de te, y hojas secas, después de unos buenos meses cerca un ano en la casa de WH en Woollaroy Road comenzó a ponerse verde sus hojas y dar unas lindas flores de color violetas a fines de Julio ahora ya es Agosto planta de Invierno y sus flores son lindas violetas. WH 7/8/96.

14. Un Rincon del Jading

Este pobre rincón lo regaba y lo regaba, pero no brotaban nada y me dolia y me impresionaba tanto porque no quieren agua, entonces hace un ano que llegue a WH 12/11/96 lo saque y lo vote y plante otras plantas de sol, porque era un sitio que estaba en pleno rincón donde llegaba el sol muy fuerte y por eso mas me desgastaba hechando agua al rincón no quería florear ni dar verdes hojas era my triste para me. Espero de hoy en adelante se ponga mejor porque en verdad el sol lo quema aun que lo hecho agua porque esta hecho de cemento y en el rincón donde llega todo el sol, y todo este tiempo cerca un de ano se veía muy inaceptable pobre rincón. 1.11.96, 10 to 3 pm trabaje en el pobre rincón seco. WH

15. Otra esquina de la casa WH

.Me impresiono tanto cuando la jardinero sembró en
la parte de atrás de la casa de WH muchas plantitas
de flores muy bonitas, en la esquina tenían unas
lindas sonrisas, siempre me iba a mirlas antes de salir
de la casa y cuando regresaba porque me fascinaban
todas las flores, pero una lastima no todos florearon
una parte que había sembrado no habían floreado, se
había quemado y secado de raíces, tal ves esa parte lo
comió el gusano sus raíces, porque no florearon como
las otras unas flores de color blanco y violetas, eran
fenomenal para mis ojos y tenia pequeño perfumes..
así que tenia muy grandes impresiones para ganar
muchas experiencias de vivir en una casa que atenga

jardín ya sea pequeña o grandes o tal ves vivir en un departamento es que uno debe tener amor por las plantas, así como los animales domésticos cuando se tiene en casa. 7/8/96

16. Platos de dog (Tricia)

La señora que trabajaba como house keeper con cama adentro ya estaba mas de 10 años con la señora que fue la dueña de la casa y después lo había vendido, y se quedo a vivir allí hasta que se murió.

Pero mi mala impresione de estos platos era incomparable sucios, desde que he llegado nunca lo he visto que lo a lavado, y siempre lo daba de comer bastante para un día y después cuando se acordaba después de 2 Días o un día lo daba de comer, pero en las mañanas lo daba su leche que beba eso no le faltaba, pero había que se caía su piel mucho por la alfombra y era triste verlo así que ya no podía por la nada, porque comía solamente 2 o 3 veces por semana, pero hace un año no se cae ya su pelo porque yo lo veo a Tricia, era tan linda solo lambiendo estaba, en el sol o verano lo banaba y dormía conmigo ya era vieja y apestaba por vieja pero no importaba porque yo en la casa nunca tuve amor de nadie solo de Tricia, era una perrita muy amorosa.

Una noche regrese a la casa para regar las plantas de atrás porque había hecho un sol terrible, y me había quedado regando cerca las 7.15 pm, y cuando llego a la puerta lo veo a Tricia que estaba llorando y Arene estaba descansando ni su comida para Colleen, y voy a su cama a preguntar a Arene, lo as dado de comer a Tricia o no?, su respuesta era, no lo voy a dar otra ves ya comió, entonces porque llora tanto, lo diste de comer si o no, y me contesta no lo di nada estaba ocupada todo el día, le gustaba mentir, así que le di de comer cerca las 8.10pm y seguimos en el jardín hasta las 9.30pm y lo hice que pase a mi cuarto para descansar, así a sido Arene con Tricia, tal ves como era vieja de 55 anos y tenia problema en su espalda una grande joroba que lo impedía a estar parada mucho tiempo, me daba pena también pero no podía hacer nada por ella, era Australiana y sabia muy bien el idioma. WH 15/11/96

17. Tricia now

Tricia esta imposible
Cada dia esta mas vieja
lo hago pasar adentro
Se orina y se esconde
Por las sillas y rincones
Lo pongo afuera llora, y llora
Cuando esta afuera así es
Ya no duerme como antes
Para escondiéndose por los rincones
Y se orina y se caca
Por la puerta y todo el patio
Como no puede bajar al Graz
Todo su caca, y orines apesta
horrible, que se puede hacer
Por eso lo aborrecen las viejas
Si conozco lo que pasa con ellas
Algunas veces lo bajo al Graz
alli corre y salta todavía. 18/11/96 9.40pm

18. What a big and perfect leave

Esta hoja atrás de la casa me impresiono tan grande sobre todas en el jardín al frente de la casa el viento lo había traído, no lo se de donde pero descanso allí, me dio tanto gusto de verlo. Eso fue mi primera impresión, no se si ustedes que leen o les gusta leer es bueno tener impresiones llena el alma, para mi eran mis primeras experiencias, malas o buenas son experiencias que queda contigo como senales imborrables para toda la vida, también son que uno tiene en la vida. WH 17/8/96

19. Flag grises

Mi mejor experiencias y impresiones son día a día aquí en la casa de WH me fascinan todas mis impresiones, hace 14 meses esta plantita solo verde lo miraba, lo echaba agua todo los días de sol fuerte y la lluvia así que se puso mas contenta y también lo echaba agua de te y todo lo que sobraba en la tetera porque siempre a las 7am se tomaba el te.

Por estos días ya esta teniendo muchas flores, lindas sus colores no lo había visto antes, ya son la tercera ves que salen nuevas flores y yo siempre lo cuido y hago lo que puedo y corto sus flores y lo traigo a Sunny Room en la sala los pongo en vasos de cristales. Y me he dado cuenta cuando uno se esmera por tener flores en casa ya sea en maceteros en los departamentos que sean de sombra o de sol donde tendrán flores para poder mirar, y me doy cuenta que siempre hay de donde que agarrar flores para traer adentro de la casa, y siempre habrá de donde agarrar para disfrutar de tu trabajo adentro de la casa. Y desde que estoy aquí a cambiado enormemente todo tuve un placer muy bueno del jardín así como de Tricia eran enorme satisfacción, pero adentro las dos señoras me herían con sus extracciones y palabras malas era insoportable vivir en una casa así sean grandes mansiones si no hay amor es la peor desgracia que puede haber en la vida. WH 23/11/96

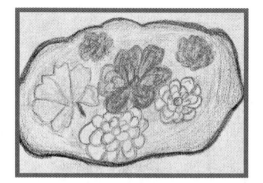

20. Camelias en un plato

Por primera ves disfrutaba los visitas de Coleen traían como presente a la ex dueña de la casa una señora de 96 años, para mi yo disfrutaba como traían hermosos camelias a casa en un grande plato con agua y frescas. Coleen no ya estaba cansada de todo, justo lo miraba y eso era todo.

Un plato lleno de camélias
Hermosos colores rojo, rosado,
Blancas yacen en el plato frescas
Pero lastima estas camelias
Solo estarán por pequeño tiempo
Porque en Sunny Room rapido se
queman cuando están fuera de la planta
Por ahora están en un plato con agua

Por lo menos un par de dias eso será
todo porque todas flores se queman
Estarán solo por unas largas horas luego
se votara ya muertas estas camillas. WH 17/8/96

21. Kookaburra

Preciosos animales de Australia, antes en 1975 vivía en Rose Bay en una grande Mansión con Piscina los dueños familia Burns, esta señora tenia 5 hijos y yo trabajaba 4 horas en casa cuidado los 3 niños pequeños, donde nació la felicidad de este animalito la Kookaburra, que llegaba de ves en cuando a la casa a posares en los arboles pero los perros 3 grandes perros lo hacían correr. Pero alli lo conocí a la Kookaburra precioso animal de Australia.

What a Kookaburra? Her laughing
I was watering in the backyard
When the Kookaburra made her noise
She has on the tree looking me
suddenly, the Kookaburra laughing

always, she does same times are three
In any where, every where
The Kookaburra, laughing and laughing
Laughing and laughing of me
The Kookaburra, sing and sing of me,
yes, I know she sing, she jumper of me. WH
10/1/97 3.15pm

y Nombres:
Pronus

22. Pronus

Este árbol me impresionó bastante es de Invierno
rosado hay variedades de colores, pero este es especial
nace de un tronco seco a sido cortado mucha veces
veces y no se que edad tiene pero se ve muy viejo,
pero nació un brazo y de allí un árbol grande con
muchas flores de colores rosados, y la ex dueña lo ve
desde su cama un poquito y se que este de altura es
de 4 a 5 metros me aloco cuando lo vi florear si era
solo un tronco seco y son sin hojas maravilloso su
colorido es definitivamente Invernal. Son para mi
grandes experiencias en toda las plantas que había
en el jardín.
WH 19/8/96

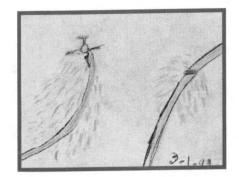

23. Mangeras rotas WH

Yo lo veía que siempre esta manguera daba su agua
pero era alago raro que le pasaba hace 16 meses que
vivo en WH pasaba algo malo que la jardinera solo
habría la llave y eso era todo pero no veía que pasaba
ya era vieja o desgastada la manguera, y la jardinera
su cabeza no le funcionaba para nada con acercarse y
mirarlo que sucede con la manguera, que un pedazo de
la manguera no estaban bien, pero como la jardinera
no le importaba de nada trabajaba sus horas eso era
todo, y la ex dueña ya era vieja ni siquiera miraba
ni sabia que pasaba en el jardin, pues yo
detenidamente me acerco y veo que pasaba estaba rota,
ni la jardinera ni la house keeper solo abría el cano
eso era todo, y yo viéndolo lo forre con esparadrapo
que no pase el agua por ese grande raja que había en
la manguera, y después comenzó haber Spring agua

36

para las plantas, como no había hombre jardinero
que lo cuide lo vea mejor tal ves son mas detenidos, yo
una chica sin experiencias en jardín y cuidarlo toda
las plantas. Fue en el meses de Julio que lo forre
con esparadrapo y por ahora esta bien las plantas y
se ponen buenas con sus flores de colores que yo he
puesto mi mano., jamas le dije a la jardinera ni a la
ex dueña. Wh 3/1/97

24. Magnolia

Esta Magnolia es un árbol que me fascina también
es grande y tienen lindas formas no tiene muchas
hojas, pero florean hermosos colores este árbol es de
color pálido rosado y adentro su cogollos es crema son
de 3 o 5 metros de altura y esta en la parte izquierda
de la casa parte de atrás, y lo corte sus flores el día
de mi cumpliano 7/8/ estaban mas para el becino y
para nosotros nada. WH 19/8/96

25. Blue Wien Bird

Que si, que no, sufría y no
Salía de mi impresión tan feo
Tres Blue Ween Birds gritaban
Volaron muy cerca del lavanderia
El mas pequeno dolorido
Lo agarre, que pasaba con el
Tenia como does ojos extras
Se movían, que atros, me afligí,
Inmediatamente lo opere
Con una aguja limpia lo saque
Does grandes gusanos vivos
Uno serca de su ojo era negro
Y de su cabeza atrás era marrón
Lo cure delicadamente sus heridas
Luego lo deje que vuele
Porque sus padres me rodearon

Hasta que lo deje volar y
Los 3 volaron y se quedaron en el árbol
Gritaban los tres un ruido de pájaros
Muy preocupados por su pequeño
Muy agradecidos felices gritaban
Yo no salía de me asombro era cierto. WH 14/2/97

26. Limon

Pobre limón flagelado por el viento
Varias veces sacado muchos en el suelo
En Verano he Invierno tuve y sacado
Durante este ano obtuve muchos
Antes limones por el suelo regados
Ahora están exprimidos congelados
El pobre árbol esta encorvado por el aire
Sus hojas verdes y sus tallos llenos
Así es el lemon tree no son amargos
Me gusta todo de pobre limon tree
Hay dos mas pequeños con 1 o dos frutos
Así son los limones que se pueden comer
Durante todo el tiempo y disfrutar de ellos. Wh
20/8/96 10.10/ am

27. Chilli

The biggest corners eat hajis
Mexico people loved red peppers
Woollahara home, we have hajis
Just in the corner of the house
So, many colours linda leave
I set up, and look after them
Since 10 months, now is full of hajis
full, full the colours I love too
but, this only chillies, are not hot
Is just only for show on
I love red pepper too, looks a gall
Same times are awful unbearable
Is like gall, gall, gall
Too much irritated to me
Rely made me so sick when
I eat to much chillies en mi vida. Wh 21/2/97

28. Un árbol viejo de fruta

Este árbol es viejo a sido cortado muchas veces, pero allí esta la verdad no se cuantos anos tendrá por los menos 60 anos, o mas a sido un árbol frutal que crecen sus brazos con sus hojas y dan fruto, un dia fui a probarlo pero era horrible de amargo ademas estaba negro de encima si eran frescos que no era mucho que an crecido, por eso es mi integración y me sorprende bastante cuando los arboles no se cuida se arruina todo, es igual que una persona cuando no tienen amor quien los cría es un desastre crecen sin amor luego se vengan quien les a criado.

Estos frutos crecían y luego se caían al suelo se mueren pequeños que no sirve ni siquiera de adorno pero ser viejos son ornamentales. Es una lastima ni siquiera las aves vienen a comerlo. Wh 20/8/97

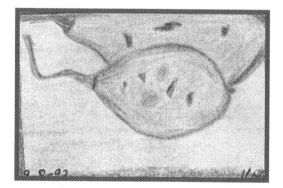

29. Sweet Potatoes

Look, what a sweet potatoes in Sydney
Is grown up in my little garden
Only two sweet potatoes there
I don't know, how there are?
Could be sweets or could be insipid
Ho looks, what sweet potatoes?
Only a little peel it was in the ground
To day, after the few months in home
I've got the sweet potatoes, see and grown
Really loved, this two potatoes smalls
In   Trujillo, all the sweet potatoes
Grown up big and very sweets
What a colores? Yellow, purple, cream,
Likes a potatoes all so beautiful.

45

They grown a los variates only in the grand
In deferents colour and very nice all them
Same times I miss my lovely sweets potatoes
Special from Trujillo that is in Peru. Wh 9/8/97

30. Pobre Rincon y seco

Los últimos días de Setiembre 1995
Este pobre rincón estaba seco
Así lo conocí en 1982, seco y feo
Fue hecho de cemento a la llegada del sol
En pleno llegada del Sol que quema mucho
Eso fue la razón que no había nunca verde
Ahora esta lleno de hojas moradas y verdes
Mojado y da gusto verlo dias en este ano 1995
Siembre una Hydrangea small y florae
Mayo, Setiembre sembré orégano y una papa
Ademas puse un tallo de una planta
Ornamental pequeña y crece linda
Sus pequeñas hojas rosadas, verde, granate

Me impresiona tanto todos crecen buenos
Sus helechos pequeños y verdes eso es mi
Lindo rincón que todo me gusta verlo feliz. Wh
9/9/976

31. Begonias (8/9/96)

Hace 11 meses
The begonias nacieron
Cantaron sus hojas
Enverdecieron las macetas
Gritaron sus hojas
Ahora son 8 de Setiembre
Florean rosadas
Gritaban Aleluya
Que viva mi Creador Dios
El Sol radiante
El aguacero fuerte
Begonias a cuestas
A lo lejos hermosean
Cada día mejor. Wh 8/9/96

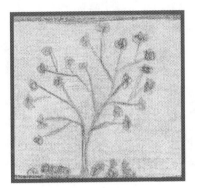

32. Magnolia (15/9/96)

Seria 8.45am Sunday, fui afuera
El arbolito que tenían lindo color rosado
Sus flores estaban secos dando mal aspecto
Al frende de la casa todos sus capullos secos
Todos los saque como capullos de algodón
Muy rápido lo hice quedando mejor
Este arbolito a comenzado a florear desde
Fines de Julio hasta estos dias Setiembre
En estos dias a estado feliz y maravilloso
Sus colores rosado hermosos con perfume
Los Sábados recogía para el comedor
Cuando terminamos el almuerzo no morían
Sábado para otro Sábado vivían. Wh 15/9/96

33. Gusano hambriento

3 semanas atrás fui a verlo que pasaba con esta rosa
que había sido cortado por varias veces y era ya vieja,
crece sus tallos pero no da flores. Linda lo corto y
a retoñado un brazo pero el gusano hambriento lo a
comido su cogollo, de esta rosa que esta al frente de la
casa, pobre rosa ya esta que muere, ya nada puede
hacer que den otros rosas, la verdad ya no puede mas.
Por Mayo a fines le eche agua y creció un brazo,
por ahora son 24 Setiembre a las 10.05am fui a
verlo, pues que pasaba su cogollo estaba destruido,
ya no puede crecer mas, lo corte otra ves haber si
crece otra ves, pobre rosa ya no a dado ningún brazo,
me sorprende tanto desde el tiempo que estoy aquí
viviendo en WH no a floreado nada, pero si retoña

51

brazos eso es todo, hace un año que estoy mirándolo y viviendo en la casa pero las rosas del frente de la casa no dan rosas mas están cansadas solo para tirarlo a la basura eso es todo. Wh 4/9/96 11/11/96

34. Tricia dormia como perro

Los primeros dias de Octubre, hacia una unos dias que había llegado a vivir en casa de WH, y quede muy integrada de todo lo que paso es esa casa, eso lo que pasa cuando las personas ya son de edad solo esperan la muerte porque ellas quieren, eso es la decisión de cada personas. En los anos 1.995 me encontraba en mi cama y me levante a ver que es lo que sucede afuera con Tricia, y lo veía que estaba mitad de cuerpo en su casita de perros, la lluvia y el viento era atros en esos momentos, y yo me encontraba pensando en Tricia que esta haciendo la perrita afuera como s encontraba, y es la verdad estaba durmiendo muy an confortable que pena, luego le digo Tricia ven a mi cuarto para que duermas conmigo, la pobre casita era muy chiquita, ella era gordita de un tamaño regular, ella muy contenta se vino a mi cuarto y esa noche durmió conmigo, pero con mala suerte estaba llena de virus, y me contagio sus virus, pero tome pastillas que el Dr. me dio y se me paso todo, pero siguió durmiendo con ella, pero una ves lo vote al cuarto de lavandería y allí lo hice su cama que duerma pero ella quería dormir conmigo, y de nuevo ya estaba conmigo otra ves, pobre Tricia comía y dormía como perro. 3.45pm 24/11/96 WH

35. Rojos tomates

Rojos, rojos tomates
Parecen Capuli dulces
Ho! Tal vez caritas rijas
Ricos, ricos, son ellos
Cosine y el resto en el frigider
Que rojizos tomates
Pues yo los riego y riego
canten, canten pequenitos
Les escucho que carcajean
Me llaman Mali, Mali,
Recoge me, somos tuyos
ya, ya pequeñitos soñolientos
Cientos, están caídos
No lloren ya les cargare
Rojizos rojizos pequenitos
Me gustan mucho
Y les quiero mas. Wh 17/3/97

36. Cissus Ellem Danila

Esta plantita estaba muerta
No supe, que color era sus flores y planta
Como a todas las macetas
Les hecho agua y agua hace un ano
Pero esta es especial creció dos plantitas
La primera se seco y la seguda
Seguía creciendo solo verde sus hojas
El 11 de Marzo reventó un capullo
Era rojo oscuro lindo color
Y la otra estaba por reventar
El 14 lo lleve a Sunny Room
Hoy dark room con sus cortinas

Pero for fin de semana lo tengo
En Sunny Room lo tengo esta plantita
Esta linda no se hasta cuando estará así. Wh
22/3/97

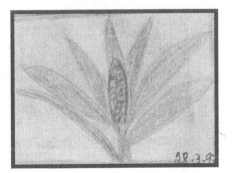

37. Bromelia

Cuando recién llegue a vivir a la casa WH
Los miraba que solo verdes eran, a fines de Marzo
floraron al frente de la casa 1996
Todo el ano lo echaba agua y agua
Este ano an comenzado a florear
también atrás de la casa están que florean
Sus lindos colores de estos hermosos cactos
Su color es rojo claro parecen unos choclos
Rosados, pero no duran mucho tiempo
rápido se mueren en las plantas.
Todo el ano an estado verde muy lindos
Cuando llegue no sabia que color van a florear
Yo impresionada he integrada lo regaba y regaba
Hasta el fin conocí sus flores tienen bonitos colores

Tampoco tienen mala vejes porque
Todo el ano están verdes después florean
Y vale tener en casa esta clase de bromeliads. Wh
28/3/97

38. Por fin de la Semana, que sucede

Hace dos años que vivo en casa siempre cuido del jardín

Puse mi mano así que no an crecido yerbas malas

Ademas lo he echado hojas de arboles después que barro la casa

Cuando llegue estuvo lleno de yerbas malas, tantos caracoles

Y otras pestes que acarrean a los jardines, después de 3 mees

Vinieron 2 jóvenes y lo limpiaron, desde allí he puesto mi mano

Ahora Chordy, vino triando strow (paja) y lo puso todo al rededor

De las plantas y arbolitos que habían en el jardín y se ve todo

Como Graz y se ve mas lindo, hoy dia los antiguos
dueños vieron

A ver la residencia, como esta, el hijo me dijo que
me da $100 dollars

Yo le dije una trabajadora gana $15 dollars for hora
y yo cocino

Y vea la casa, ademas hago el jardin y veo a su
madre, hoy ustedes vienen a ver la casa como a
progresado enormemente en verde y todo esta cuidado
y no es que la jardinera lo a hecho yo todo los dias lo
estoy mirando y viendo de tantas plagas que habían
antes y todo los cogollos lo terminaban. Y yo lo vengo
haciendo porque me gusta el jardin y se ve mejor una
casa.

5/9/97 2.30pm WH.

61

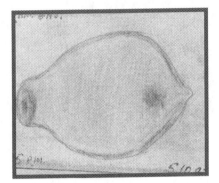

39. Lemon is big

What a rich lemon, you are?
Large one is look juice one
It fall off from next door
I'm going to eat this one
Is fresh from family Gos
Was two here, but one bad
Perhaps long time fall off
What a great one, you are?
One the tree sow a lot larges
One day, look on the floor
But no one Lemon fallo off
today, the tree was empty
And on the floor was two
What a Lemon rich, you are?
I love this juice ones
Is look fresh and great.

Me lleno de alegría ver grandes limones en nuestra aria, era del vecino que se habían caído, pero estos uno estuvo bueno y el otro no estuvo en malas condiciones así que lo tire, y el otro lo comí estuvo sabroso, me alegre mucho. Wh 5pm 5/10/97

40. Beautiful boots

Look! It looks both so fine
My beautiful boots of wool
Was made it myself to them
They settle in my quiet blessed
The colours of left of my vest
On Winter keep me so worm
And cover my foots of the nasty
My lovely boots came down
Made nice to my cold foots
Take me around all over the house
Cover and company my hold
In many place of the world
Was so suffer and exhausted
Lovely to see around with not money
And my hold ear all loved it.

Para mí fue un gran placer hacerlo mis primeras botitas en casa, especial muy bueno para el frío que hace en Invierno. Mas en esta casa que es demasiado frío en el Invierno de las personas que me acompañan fue atros para mí por dos años consecutivos como pánico y mal habido en casa, lo único que me acompañaba era Tricia maravillosa y feliz aun que era vieja y pronto iba a morir. Por eso yo no confío en personas profesionales especial los que son Psicólogos porque no tienen nada de lastima por su prójimo, mas les interesa satisfacerse sus impulsos, y no saben nada que pasa con los demas lo digo por me que no se daban cuenta mi dolor enorme que me sucedia en casa fría de Woollahra, siempre me veía sana de salud, feliz, pero no sabían nada de mí. WH 8/10/96

41. Shy Elefante 8.30pm

Esta mala impresión fue en Rockale, donde estuve viviendo en una acomodación con personas violentas, borrachos ningunos trabajaban eran unos 11 personas, fue mi terrible impresión vivir con esa clase de personas que nunca se a conocido eso es lo que me izo Tassy una amiga (Philipinas) que lo considere en esos días, se les para la cresta teniendo marido un cobarde USA. quien también lo a regalado varias cosas para que me atormente y me desprecie.

Mondy viene me toca la puerta
Quiere su cheque de la renta
Su casaca de cuero marron
Me recibe y luego se va corriendo
Los mochos, estuvieron alli mirando
También
levanto la pierna izquierda

Pretende falsificar mi firma
Voy alli, y le digo, mi TV y Nokia
Me an robado cada uno an costado $450
Viene otra ves a mi cuarto, nervioso
Luego dice, ahora no tienes TV
Se da la media vuelta y sale corriendo
La pression, lo hace cute y perverso
No me dirige una sola palabra
Sale corriendo de mi cuarto cuto
Como un elefante perdido y sin sombra. RH
4/9/98.

42. Llaves de WH

Alas 9.50pm regrese del Club
Abrí la primera puerta de la calle
Pero la puerta de adentro no podia
Me costo, tanto se quedo pegada

Le daba vueltas y vueltas
allí estaba la otra llave adentro
Con fuerza lo movía pero imposible
después de unos 20 minutos
Dull viene tampoco podía por adentro
Por la puerta de otras entre
Con el desarmador y aceite lo forzaba
Lo miraba y volvía a mirar
Estaba imposible la llave
después de una hora se abrió la puerta.

Eso puede suceder cuando las personas que viven en
una casa te desprecian y no quieren aceptar por la
nada tu presencia, eso es cuando muchas personas
reciben información de otro sujeto que solo te detesta
y quiere que lo hagan la vida aburrida, y que no
caiga ninguna felicidad y que no pueda gozar de
nada al rededor de la persona, eso es ignorancia en
mi condición yo les respetaba les saludaba les trataba
de hacer la vida feliz y cómoda y que sean felices en
casa, porque ellas an vivido toda una vida allí como la
dueña mas de 50 años, es lógico que se ponga celosa
y solo de mi hablaban los radios TV. publico y la
casa ya no era de ella lo había vendido eso es lo que

sucedía con ella, pero la house keeper recibía oídos de mi eso era todo que existía en la casa de Woollahra. WH 19/9/96

43. Ají picante de Mexico (27/2/99)

Mexico Pepper
Highly seasoned
Worse of callousness
Cookies in all the kitchen
All weary, throat out
Who abuses, give cancer
but, another way put
Out all the hair on
The human body
All so most delicious
You ever tested with the food. 27/2/99

44. Sunday day!

Que pasaba ese día malo para mi, fue un día Domingo para mi muy especial pero algo peligroso primeramente me olvide mi llave en la puerta, no tome ninguna nota me sorprendi tremendamente ese día

Luego las 8 pm regrese a casa no lo serré la puerta bien se quedo toda la noche abierta no con cerrojo, fue horrible para mi parece algún indulgente hizo eso solo me hacen víctima por todo sitio no es bueno que se gocen haciéndome sufrir son personas malditas y crueles. 9/4/2000 PP

45. Diseño de moda de Clivia

For first time flower in the jug
All beautiful and very healthy flowers
With long and green stall
The jug is usually filled with water
Since Friday to next Friday
On Friday, I took and Jug WH
To change the water and the flowers
I could't get out no one them
And force one and broken one
And another and another
After I got all stalkers and nice view
And was nice finish all them
All was like ribbons twirl flipped
It was so nice surprise all them por me.

Para cualquier diseño de modas son excelentes las
plantas sus flores y sus hojas se ven maravillosas

en cualquier moda. Para mi fue maravillozo estar o tener conocimientos de de diseño de modas, había hecho un curso de dos anos en T.A.F.E. es hermoso todo. 27/9/96 WH

46. Camilla seca y muerta

Había salido el dia Lunes en WH como siempre
lo Asia los Lunes iba a bingo a Kirribilli Club
siempre salia a las 9.30 pm y ese dia Michael
siempre hacia la limpieza y entro a mi cuarto y
recogió una camilla muerta y seca y lo puso en mis
libros, como sabia que yo dibujo y escribo y reporto,
porque todo lo que hago hablan los radios y TV,
entonces era para mi una real sorpresa que habia, lo
encontré muerta y seca todo el dia seguro lo recogió
del suelo y lo puso encima de mi libros.

Camilia, Camilia ya seca
Hojas verdes rociadas de pesar
Ya son muertos como tronco

Quien pues les hace caso
Bofetadas for el aire y lluvia
Son muertos sin rescate
Michael, lo recogió, yo lo vote. 21/10/96 WH.

47. Rosa Rosada WH 11.20am

Que linda Rosa, lo puse el Viernes
Como siempre pongo a barios sitios
A mi cuarto, sala, Sunny room
Pero esta se paso, sigue fresca
Después de regar, la pinte rosada
Se ve como una bailarina sola
De corto vueludo vestido de hojas rosadas
Siempre me duran y florean frescas
Pero en de Sunny Room
A los 3 o 4 dias ya están secas
Su olor the las dos 98, 60 anos
El olor del ser humano es como son
Los animales y plantas, flores y crecen.
31/10/96 Wh

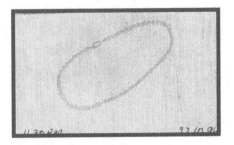

48. Real Perlas perdidas

Colleen R. Was slander as awful me
On this Saturday ceca las 11am
La dueña del collar de perlas
Me dice, mi collar de perlas no esta en su sitio
Basculo en todo los cajones especial
En mis pañuelos debe estar confundido
At 12.20pm Mark, came for lunch
Luego le dice mi collar de perlas no hay
Quien puede agarrarlo only same one
Cannot be Sandra, cannot be Arene ?
Solamente one strange here in home
Otra ves me dice tal ves por broma lo as
Escondido en tu cuarto, si no tendré
Que llamar a la policia mas cercana
Tu vas a ser la primera en complicarte
veces, y veces repetía basculo,
no puede perderse es un valió y antiguo.

Es terrible a pesar que me ofendían me maltrataba y martirizaban todo los single días, en la casa de Woollahra, por dos personas y algunas veces cuando venían a casa a visitar a la ex dueña de la casa ese día fue horrible, me acuso que lo había robado su collar de perlar, como es posible no se contentaban de afligirme todo los días mas ese día me calumnio con su amigo que fatal fue para mi, pero como tenia la conciencia limpia no me importaba nada de sus sucios piropos a mi persona.

27/10/96 11.30am

49. Tray and Serviette WH

Mis impresiones en la casa de Woollahra
Como sirvienta y que no lo tiene lastima
Las dos están juntas for conveniencia
The platter of wood, only same times is clean I sow
She clean up and gives over and over
Likes her serviette, I give to colleen clean

On Friday afternoon and de same last Friday
Como es la patrona es la sirvienta es increible
Ninguna se tienen consideración o se quieren
Sucias la patrona Coleen se vana todo los dias
Se cambia todo los días de vestido cierto
No lo manda a la lavandería menos los lava
La sirvienta solo se vana los Viernes
Cuando se va de descanso a su departamento
Todo los días tiene olor terrible, apesta!
Las dos para calumniar rápido corren
También son perversas con los emigrantes
Eso es ser inhumanos ni aman al emigrantes.

La realidad no me importaba de nada por lo que pasaba en casa, pero era fatal tener una sirvienta que no se duele por quien lo cuidad y lo conoce por 10 anos, ademas recibía dinero no era gratis esta demasiado mal lo que sucede en una casa, por otro lado la sirvienta necesitaba también ayuda porque sufría de la columna y tenia una joroba grande y era imposible estar de pie porque le afligía su joroba, por esa parte yo les tenia lastima, pero era la culpa de la es dueña de la casa, si lo pagaba, mas lo robaba porque tenia la clave del banco y sacaba dinero y ahorraba en su libreta del banco, porque no buscaba otra persona que lo cuide por la semana, ademas su house keeper tenia su departamento donde pasar su vida y restar de sus aflicciones, y no arruinarse el

uno al otro o mejor dicho no tener lastima, para mi
no era justo. 15/11/96 4.40pm

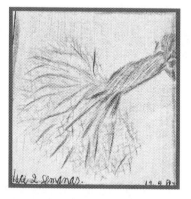

50. Old three WH

Ya se cayo el árbol viejo
Ya no pudo mas vivir
El viento y la lluvia
Lo trajeron abajo de raíces
Esta caído yace en el suelo
Sus raíces están podridas
Como podría sostenerse
Sus raíces ya no vale nada
Ya se cayo el árbol viejo
Yo lo miro y a los demas
Pronto será cortado llevado
Hay que pena penada, penas

El viento y la lluvia los llevara
Cuando no son buenos sus raíces
Ya se cayo el árbol viejo
tal ves tendrá enfermedad y cayo
Hay que pena, penada, penas. 12/2/97

51. Sus capullos no revientan WH

Que no lo sembró arranca y lo pone en sunny Room
Quien su suegra de corazon no la ama
Hasta de mis rincones arranco quieren volar
Ellos enverdecen por el corazon justo
Se alegran y se regocijan floreciendo
En pleno Sol y Luna llenos
Alégrate alma mia tu gloria es coronada
Deja que se quemen los que te aborrecen
Quien pues te quitara? El amor de Christo
Mas Dios afligiera a los malvados que no creen

Porque los gatos no pueden hacerse santos
la tormenta con la ira de Dios
Deja que se mueran de envidia
La codicia y la celo aborrece Dios
Porque sus secretos están almacenados
Y sus pobres corazones no hablaran
Por su orgullo nunca sale por la boca. 11.45pm
1/12/96

52. Secos Cartuchos y Rosas y Hydrangea

Secos cartuchos, rosas y Hydrangea
Ellos se secaron en el jardín muy bonitos
Dieron su reflejo y adorno en el ambiente

Yo les corte luego lo puse de adorno
Yacen hermosos en un pequeño florero
De vidrio azulado me encanta también
Los admiro todo los dias son muy especial
Porque se ven hermosos para mis ojos
Su diseño perfecto su color perdido
Sus hermosos colores todos an fallecido
Sus tallos de algunos lo he sostenido
En las mananas brillan sus colores
Al medio dia se secaron y se cayeron
Por la tarde secos y hermosos en casa
Los admiro dia a dia, sin cansarme
Porque de mis manos se reflejo todos. 4.40pm WH
15/2/97

53. De Peru volo 18/2/97

Que viva eres tu!
Que vivia el Cielo!
Que viva la tierra!
Porque Dios lo Creo!
#
La canción es hecha
El Cielo lo trajo abajo
Los sonidos para mis oídos
Es el símbolo dela canción
#
Que frenesi deliro!
Que elogio imaginativo!
Eso es a mis oídos!
Que perlas an volado!
#
Todo es hecho para ti,
Que plegaria prodigiosa
Eso era el grato sonido
Mi corazon feliz, feliz para siempre.
#
Cantando din don dan
Música prodigiosa para mi
De Peru volo para aqui,

83

Feliz Navidad "Nira"
#
Lo recibí hermosa virgen
No canto, y lo dane
Australia Day 27 canto
Por 17 dias y noches sonó.
27/2/97 7.15am 12/2/97

54. Christmas Beetle (Escarabajo)

Un dia escuche que volaba
Estuve en mi dormitorio
Era grande gorda y brillos a
Un ruido bárbaro en el cuarto
Al rededor de mi y a todo lado
Que hacia alli, bueno mi impresión
Lo puse en mi caja de ganchos
Ahora lo fui a ver estaba seca, seca

Pero perfecta su color y su cuerpo
Su nombre es "Christmas beetle"
Y tambien "wached dead en
Español "Escarabajo" las de abajo
Algunas veces he visto que vuelan
Por el jardin, hoy les dejo que vuelen
Adornan y diferentes cuando vuelan. 24/2/97

55. Viejo teléfono

El teléfono suena y suena todo los dias
Colleen, contesta, porque esta en casa
Ven a visitarnos estoy sola and . Fed up
Otras veces, la mujer de fin de semana (Yo)
No es feliz incorrecta, and imposible
You must kill her, no long will be here
With . Mrs Woodman, she demanden $20
Por cada bano no la pago por varias razones

Tiene comida caliente, y bano y un cuarto
Donde vivir, ella es ultima sirviente
Otras veces llama y llama a sus familiares
Con el asunto de disponerme y hablar mal
Todo lo que dice es absurdo y nada verdadero
Porque es envidiosa he hipócrita, increíble
Ya hace 18 meses que estoy viviendo por acá
Lo malo jamas lo escuche que hable bien de mi.
WH 19/4/97 11.45am

56. Naphthalene Ball WH

Compre Naphthalene por the moths
the house esta lleno de polillas
La ex dueña no le interesa ya tiene 98 anos
Estaba su hija desde Marzo hasta Abril 17
No le interesa de limpiar sus cosas
Mas le intereso lo que esta limpio

Afuera en el jardin corto luego lo dejo
Para que lo hago yo lo feo que dejo
Cochina hasta nomas, cuando llegue 1995
Afuera en el jardin un muladar de hojas
Todo los rincones se veía feo estaba terrible
Por unos dias su cuarto un olor terrible
Estando las ventanas abiertas es horroroso
increíbles las costumbres pero para jodidas
No les ganan nadie parece que esperan,
condecoración de jodidas con el emigrante. 24/4/97

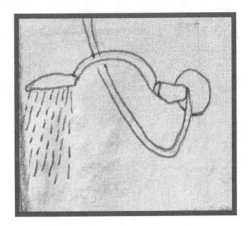

57. La ducha

Desde Octubre lo bano los fines de semana muy seguido porque nadie quiere venir a banarlo, están pocos días y se van. Yo trabajaba cuidando for fines de semana, y at 6.30am me esta llamando para que lo de su te, y a decirme que Lyly no puede venir así que tengo que banarlo, porque trabajo los fines de semana, cuando su house keeper sale de descanso a su casa, me hartaba completamente bueno se me pagaba extra dinero esta bien y con gusto de hacerlo, pero ella es mala durante de los días que no trabajo, porque es tan perversa eso es la razón que le decía you have to pay me? estuve con ella en la banera lavando su cabeza y su cuello y espalda y me dice: el agua esta fría, luego lo pongo mas caliente luego dice esta caliente, yo pretendo que lo puse mas caliente

y luego dice eso es mejor, era una señora que no le
gustaba los emigrantes ni tampoco le gustaba pagar
quería todo gratis, todo los fines de semana me decía
así. Lo que pasaba le gustaba acusarme a su hijo
David diciendo mentiras, yo no soy una persona con
la mente enferma para quemarlo o hacerlo el agua
fría ni porque me aborrecía nunca por nunca puedo
yo maltratar a una anciana eso es brutalidad. Pero
ella me acusaba diciendo que lo he quemado su cuerpo
y lo ponía frío también decía que yo soy el problema.
Y murmuraba siempre "not longer she'll be here"
yo le decía por persona miserable y ridícula todo el
tiempo malos sucesos, algunas veces los viernes no se
si se orinaba al propósito porque apestaba a orines,
me aburría todo el tiempo que cosa lo hacia yo nada,
lo respetaba y lo atendía y lo daba mi comida los
fines de semana. 26.4.97 to 1997

58. Chrysantenum WH

Solo se que lo reglaron arios maceteros
Con unas flores amarillas bonitas,
Para su cumplian o de la artificial
Día 9 de Abril estaban preciosas
Hasta el 28 de Abril no morian
Pero ayer que me toco cuidar a la artificial
Todo los cuatro maceteros estaban secos
Pero este macetero en especial todavía estaba alli
así que lo eche agua y lo cuide para ver se retoña
Que lastima le digo a la artificial están muertos
Yo not here, looks? La artificial se esta enfermándose
Se parece a John de mi officina solo miraba mal.
WH 3/5/97

59. Sunflowers bought W H

Precios Sunflowers the great colours
Bought on six of May, mothers day
All very fresh and bright and big
Together a branch small whites
At night one was very upset
Well was the hit, was hot
And threw out after one more
Very upset on 16 threw them outside
Las 2 was very strong for 3 days
More were upset but they endure
But yellow one Sunflowers keep
Still fresh green and smalls flowers
They lived for 22 days I liked all them
Rely like is very unusually in the home
What is happen on the earth
That are first impressions for every where. 25/5/97

60. Sopa de cereales, bones of lam (30/5/97)

Los fines de semana cocino sopas de cereales, así como sopa de espinaca, zapallo, comidas de mar, huesos de cordero, y carne.

Hoy día cocine sopa de huesos de cordero y para el almuerzo estuvo

Vicky una señora que lo cuidaba los fines de semana a la Artificial, le gusto mucho pero no a la Artificial, no quedo contenta, dijo que necesitaba mas hervir, 11 de Mayo hice cacerola de cordero con papas y Lily (lo banaba y me enseñaba a tocar guitarra) estuvo para el almuerzo le gustó mucho, she loved my food, la Artificial lo termino

Pero no cometo nada, pensaba que era de ella, yo compraba con mi dinero y lo daba de comer, eso fue la razón que no comento absolutamente nada, y no me considera, también lo doy a su hijo y nuera cuando vienes por fin de semana al almuerzo, nunca me apreciaron mi buena voluntad. W H 3.6.97

61. Mermeladas WH 4pm

Desde que he venido a vivir paraca
A menudo sus amigos de la artificial
Cuando vienen lo traen una mermelada
Sus visitas amigos, la pareja Philips
Siempre lo an traído un frasco
de mermelada de limón hecho por ellos.
Parece mentira pero su house keeper
No lo da a nadie se esta malogrando
En los fines de semana yo estoy mirando
Que se malogra para poderlo votar
La artificial no quiere que lo den a su hijo
Pero yo le di dos de ellos a su hijo y nuera
Algunas veces ellos venían a molestarme
Una tarde les dije afuera porque pretenden
muy bien saben que la casa a sido vendida. 27/6/97

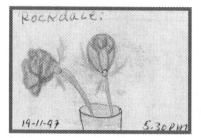

62. Dos rosas rojas serrados 5.30pm

En la calle gritaban no escuchados
Que trucks, carros, bicicletas
Comia la atmosfera de los cigarros
Las dos rosas rojas se cayeron al suelo
De uno escuchando su colorido
A las pocas horas dolorido reía
La rosa creada no escuchada
En el Graz caliente no se quema
Corazon sano alma viviente
Hambre, dolor, frio, sed sonríe a su Dios
A las 17 horas morían las "dos"
De una sus pétales caídos roídos
Del otro sano el Graz despiadado
Culpables la suciedad y sequedad
entorpecidos quiebran su fragilidad
Son rosas, creadas para la vista
El mundo no entiende raíces. Rockdale
RH 19/11/97

63. Mango bitter
(Rockdale) 28/11/97

My terribles impressions in that house
The home owner, Brian from Portugal
Has Majesty Lodge Let 11 people there
Where live rough and sad people
One woman speak every day
Fuck of, fuck, of fuck woman!
And always disconcerted she-self
One the back the house has 2 tress
One is Mangos, and has a lots of fruits
I pick up 2 and put away
To get ripen and can eat it
My goodness when I tested
Was so bitter and awful soused

Is only the mangos for show poor tree
Another one I put it to dray
Now is black and wrinkle
The month they fly they eat something.   13/2/98

Fue una lastima por esos dias que estuve en ese lugar, porque habían 11 personas, y se peleaban y que todo de mal tenían, eran borrachos, fumadores, se inyectaban dragas, y eran o tenían perezas, vivían de la pensión y del desempleo, cuando recién llegue ya me conocieron, y sabían todo mal de mi, nada de bueno, y personas sin cultura que no lleva a nada bueno, y tenia un vocabulario horrible, pues yo no lo escogí, sino una Pelipina que me traiciono, de ser mi amiga por muchos años, me golpeo en su casa con sus extracciones y luego me llevo a ese lugar tan mal por sus personas que vivían allí, hasta me pegaron y me insultaron la gente áspera de que se puede esperar nada bueno.
   RH 23/9/98

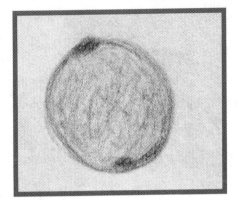

64. Abocado en Maroubra H W

Que pretende tanto el Californiano
Me hace solo su mujer tonta
Una cosa es pretender he imaginarse
Porque tiene sus avispadas avispas
Que estan llenas de semillas malas
Así como este pobre avocado
Como cascajos adentro del fruto
Quien lo come, después lo desprecian
Así le gusta el Californiano
Que lo estén desprecie y desprecien
Es como el perro del hortelano
No come ni deja comer a otro
A mi solo me tiene engane y engane
Martirice y martirice mi espíritu
Es demasiado mocho como otro

Las mujeres hablan su mal y ofenden
Y el mundo se pone estraño igual
El abocado que no se puede comer. 11/10/98

65. Maning Rd.
Woollahra 26/8/96

Estos arboles me fascina ciertamente
Se ven secos, sin hojas pero viven
Son mis primeras impresiones en Sydney
Son lindos ornamentales diferentes
Que en su época florecen hermosos
Se llena de hojas verdes, otras épocas se caen
Todas sus hojas y tallos mueren en su época
Yo por primera ves lo vi y lo pellizque
Para ver si están con vida y era cierto viven

Y mucho tenia que decir de ellos
Por primera ves los vi y me sorprendi
Porque en America no hay de estos arboles
Y estos arboles en su época vuelven a enverdecer
Luego florecen y embellecen muy hermosos. 26/8/96

66. Bridge ST Sydney

Siempre paso por allí en el bus
Hay muchos arboles secos
Se parecen secos, tan secos
Porque no tienen hojas
En estas épocas se caen
Toda sus hojas, son ornamentales
A la ciudad de Sydney, quien lo mira
En algunos sitios sale pequeñitos
Tallos verde a su alrededor
Siempre lo admiro me gusta mucho. 28/8/96

67. Maning Rd
Woollahara 21/10/96

Que por Agosto este árbol todos sus hojas están secas
Pero me gusta mirarlo y son mis mejores impresiones
Como siempre salí a tomar el bus en Maning road
después que me hacen la vida aburrida en casa las
viejas
En mi casa donde vivo mas de un ano es insoportables
Quieren llamar a la Policial, porque que hice de mal?
Tal ves porque trabajo los fines de semana como
negra
Cuidar a una señora de 98 anos, hago el jardín
Todo hago house keeper la casa y veo también a
Tricia
Seguido vienen a comer almuerzo o comida visitas
Paso los fines de semana lo mas horrible porque ellas

Arruinan mi felicidad, y estos invitados vienen a
Mirar que la casa esta lleno de flores y arias verdes
Y por lo general esta limpia porque me gusta el aseo
Eso es la felicidad del ser humano cuando se vive en
casa.
21/10/96 WH

68. La lluvia en Australia

Ese día había llovido mucho, no lleve paraguas
Domingo 17, salí de casa con dirección de la Opera
House
Para ver a Michael Jackson, que va estar por 1/2
hora
Con toda su compania para el publico de Sydney.
Llegue ya tarde cuando todos se habían ido ya era
5.30pm
Luego tome el tren para Summer Hill para hacer
servicio
Cuando salí del tren estaba lloviendo por mi delante
de mi
Havia does chinos con sus paraguas, ivan a la
Iglesia
Pero fue algo espontáneo llovía pero no me mojaba
después en la Iglesia como siempre salgo a dar mi

testimonio y después los hermanos me ignoraron
fatales

Esos son los que les gusta la transgresión primero

Yo daba mi testimonio porque soy seguidora de
Christo

Y no de su contrario, lo que pasa les gusta hinchar

Las transgresiones son fatales hermanos no conocen
real

Mente el amor al prójimo a los seguidores de
Jesucristo.

11/11/96

69. En una caja de carton
WH 24/12/96

Ese dia me sentí muy triste no se que paso
Vengo haciendo por muchos anos
El mundo es maldito, son pecadores
Pero tengo a mi dios grande y poderoso
Mi Padre Creador quien me tiene con vida
Y salud para no quejarme jamas de mi Dios
Mis nervios todavía están fuertes
Mi mente gracias gracias a Dios sanos
Porque los malditos me tratan de destruir
Hoy dia escucho y dicen: la ultima no entiende
Ellos son malditos y pecadores les gusta arruinar
Soy hija de Dios y tengo su regalo para siempre
Gracias a mi Dios Padre son sanos y divinos
Me siento tan abatida y dolorida en todo los lados

Como quisiera tener un amigo bueno que me de bien
Y no mal, me da mal como cobarde y maricon
Mejor dicho con espíritu bueno y saludable.
6:50pm 24/12/96

70. Feliz Navidad WH 1996

Marry, Marry Christmas!
And happier harts
I wish you Marry Christmas
And a wonderful New Year
Please, Please rejoin
Your nice big hearts
Jesus is born again!
December celebrated again
In the high and most hight
Feliz navidad all hearts
Marry, Marry Christmas
Rejoin the most high hearts
My wish all, feliz Navidad!
Todos feliz Navidad, and happy New Year

Hollo, Hollo! Jesus is born again
I love you all them hearts shining and love
Jesus is born again on the world
Marry, Merry Christmas and happy N.Y 1997.

GARDENING MADE EASY
. O-96 T. 13-1-97   26-3-97

71. Garding made Easy 26/3/97

Como me gusta el jardín, me hice clienta
No recibían mis cheques a tiempo
Y ya me mandaban cartas que no pago
El correo no era puntual, el ultimo cheque $24.65
The mis folletos de gardening.
Que había juntado dos grandes folletos grandes
Me habían mandado una tijera de cortar barato
Que a los dos días ya estaba malogrado
Reclame, luego me mandaron otra nueva
Generosos me gusta y me impresiona todo esto
Pero al ultimo recibo me mandaron decir
Que debo pagar lo mas pronto posible
Me gusta ser puntual cuando me comprometo
Y me mandan una carta que no reciben el pago

después de 3 Dias recibe otra carta diciendo
Que el cheque habían recibido y se excusaban
así deben ser considerados y no tramposos
WH 1/8/96 to 13/1/97

72. Eau de tolette atomurer
WH 1995

For a Christmas Day, I have a nice present,
One knit Toy, I know where is from
Moya, por part of her one old little bag
I give away to Elena (peruvian)
Today she is bring a poison perfume
It is call Eau DE Toilette Atomurer
She pretende, she bought and spend
Her money, she is mean as well
The people this dais not spend $5.00 in presents
Likes a Colleen, any way I did spray to
July and Sandra also the artificial
ofcousrse I spray first in myself
After with all my love it is done
forget the bad done to me, all so 1995

She gives me a sonaja, the teste of Raymond
Eso es su vida piensa que soy una niña
malcriada, pero no es verdad, mal psicólogo.
26/3/97 10am

73. El policía en los vecinos

El policía en los vecinos frente de la casa
At 2.30pm esposo de Ana, quien nos dio a Tresure
(perro)
Decía: Ana a sido robada y había llamado a la
policial
Esta afuera, luego fui a ver que sucedia en la vecina
Tal como cual estuvo con dos vecinas, Natalia y
Steve
Comentando y dentro de 15 metros la policia
Averiguando lo ocurrido, siendo relatado el suceso
Pues yo me regrese a casa, esposo de Ana me dice
El perrito es para ti porque Colleen y her house
keeper

No lo quieren ver menos les gusta, así cuídalo y que te vaya bien con el perrito es muy bonita, si es cierto era igual a la primera

Tresure que lo pusieron una inyección para que muera.

WH 1/7/97

74. Tresure segunda W H 5/7/97

Tresure llego a casa el 5/7/97 una vecina Ana
nos dio

Hoy dia fui a Registralo a la perrita muy linda
En Woollahra Municipal Council en Doble Bay
caminamos hasta allí donde llegamos cansadas
A pesar de esto no tuve lapicero menos $2 dollars
Luego preste a dos jóvenes que estuvieron allí
Tresure serró la puesta luego recepcionista dijo
That is suficiente por ahora, a las 10.15 llame a
Julia
Y le conté acerca de Tresure, cuando llegue a su casa
Le conté que a sido registrada en mi nombre
Porque Coleen y su house keeper no lo despreciaron
De todas maneras yo lo doy de comer y lo cuido
Lo saco a pasear, lo bano, y duerme conmigo
Pero con tanta mala suerte cuando me fui de la casa
Tresure se quedo en el veterinario por $50 dollars por

noche, y después el 2ndo día lo ponían una ampolleta

Que muera si no hay quien lo adopte, sufrí mucho

Por 4 meses que estuvo conmigo en la casa de

Woollahra.

Fue una mala despedida tan linda su compania.

14/7/97 10am

14-8-97
at
9.20

75. Belong to: J. Dononkos

La noche anterior caminaba
Por Maning Rd., to Wolloroy Road en las gradas
vi varios pape
No tome nota, pero al dia siguiente, lo mire eran
papeles importante
Lo recogí todos y lo puse al sobre, luego lo deposite
al Buzón
Porque los repartidores no deven tener mas cuidado
Ellos reciben dinero por su trabajo, todo los sobres
son pagados
La tierra es un testigo,
sobre es pagado
Yo lo testifico vamos
Tropezamos felices
La vida es uno
Sin sentido no vale nada
Mira que tu recibes

118

Que pasa si fueras tu
Aprende a ser honrado
Contigo mismo en casa
Trivial es decir la verdad. 14/8/97 at 9.20am

76. William St. 4.20 pm

Me paso pasar por alli, mi cuerpo se escarpelo de miedo porque los carros venían veloz y me puse a cantar una canción a mi Dios.

"Marchemos soldados de Jesus
protegidos de este infernal
Jesus eres mi Dios
Marchemos soldados de Jesus "

Igual me pasa cuando voy a parques en edificios de carros que me cuerpo tiembla de miedo, pero alli siempre voy con amigas yo no les decía nada a ellas de mis sentimientos he impresiones malos que tengo Seguro en los parques de carros, hay muertes, sexos ilegales, roban,

Planean falsedades, se pelean, se odian, por eso hay malos espíritus

Y los malos espíritus me hacen tener miedo, es muy justo todo maldad

Son satisfacciones endemoniados eso es la razón que da miedo. 19/10/97

77. Campanillas blancas

Pobre campanillas se ahogan rapido
A la primera vista se ven bien
Después de una noche con agua
Morían ahogados marchitados
Las traje tres de Woollahra
A Federick St de Rockdale
Ahora ya son 5 dias de vida
Una la las vote y las dos lo diseque
Son frágiles no aguantan
En mis condiciones a la hora
Ya mueren quemadas u ahogadas
Que suspiro tan profundo lejos
Que delirio también truncadas
Sale el sol no se alegran
Viene el viento tiemblan
Las tres mueren iguales
La ley de las Campanillas. 1/9/98 5pm

78. Rose Mary (Anza Parade)

La infelicidad hace mas pobres
Casa de Anza parade # 1002
No había nada de felicidad estaba pobre
Vida aburrida, enferma de todo
Enferma mental siendo medica de la carne
Toda la casa de adentro telas de aranas
spiritus muertos irritantes
De chispa se quema rapido
A decir verdad! Esta ya rayada
Cualquier cosa, quiere morir
Como es medica de la carne
Tiene big trauma para si
El jardín de atrás no florece
Pero verde cren con lluvia
Luego puse en vasos Rose Mary

La persona que no es feliz
No le interesa nada
Lo ve feo!
Arruina a otra rapido
Que lastima!,
Personas enfermas de la mente. 12/10/98

79. Maroubra Home

That is true, what I said?
The home view home. Maroubra
When arrived this small place
Was so awful and dray
The small beam wasn't see
Was empty the sand all over
Now is show and made nice
because, is how to be done
Nice small railing the house
And put plants around
Of course a lot water
No good plantas is all sand
Quick the plants burns
The sand and strong sun
And wind they are liquefy
All so people was

Living here, Dulles not
Emotion of real life
And worry for the things
One day is old and finish. 13/10/98

80. For the hair 3/6/99

I bough this little one
For my hair
Now is with difficult
I Cann't use any more
And throw away
Thing is not use
Should throw out or
The place of the garbage
rely, so sad and nice
Was new, we Cann't
Do nothing of it
That is the end of not good.
Marorbra 3/6/99

81. The flats and neighbours 5/6/99

Incredible the neighbours
Live own towels on the string
For 4 days or more
I moved on 8 de Junio
To Potts Point, I sow dry them
Because the dais was fain
Myself Cann't loved my things
because in Sydney plenty spades
And running off, the neighbours
Are not nice, I was for 6 months
I'm never hear noises
Of fights husband and wife o
Children and other fights. HPP 8/9/99

82. Tusculum St. Potts Point Home

Por primera ves me cambiaba de casa que había
vivido tan horrible con personas que solo me daban
duro por la nada, primero fue en Woollahra Home
luego en Rockdale Home, Marubra Home, para
mi a sido algo historia no es para mencionar pero mis
impresiones a sido de peor en peor todos esos años de
1995 hasta 1999, que me an peloteado y cambiado
de un sitio a otro sitio como se dice en Peru es como
jitano (que después diré in uno de mis otros libros),
porque vivir con personas que nunca tienen la mismo
felicidad, costumbres, y rose intelectuales pero por
lo menos que an terminado sus estudios secundarios
que an pasado sus teorías y practicas de educación,
también se puede decir si no tienen educación pero
por lo menos saben leer y escribir y como leer las

Sagradas Escrituras donde se aprende todo lo que uno quiere para vivir confortables en la vida. Pero por mala suerte todo me a invadido y se an aprovechado de mi persona abusando mental y fisicamente de mi personas. Donde iba a los doctores que me vean de los oídos, mi corazon, nervios, de tantas manipulaciones y extra ruidos y todo que venia a mi cuerpo mal por los malos efectos de personas incomprensibles de uno a o otro. (no saber pensar si uno es santo, pero es hecho de carne y hueso) Me supongo que no hay amor a su prójimo, solo les gusta practicar sexco con muchas veces destruye los sentimientos mas presiones del ser humano.

Una organización de W company, me rescataron de tantos maltratos y manipulaciones a mi persona WC ayudan a personas que no tienen dinero ni en donde vivir, mas que son martirizadas, manipuladas, y arruinadas por otras personas que no son felices, porque toda personas infeliz hace infeliz a los demas eso es la verdad que sucede en el mundo muchas me refiero que no cuentan su experiencias, sus impresiones malas, también los derechos humanos que no les protege. y si fuera en mi caso jamas arruinaría a otra persona ni siquiera para tener éxito o por tener dinero, jamas lo haría, porque yo soy una chica sin espinas ni tengo maldad para nadie.

WC me pagan mi departamento mas centro link por eso tengo mi departamento y no por otras personas, así que WH desde el ano

1.9.9.9 me protejan no de lo todo (porque no les cuento) porque me siguen manipulando con sus horribles ruidos, y extracciones que no vale el caso de estar anos y anos de esta forma vivir que en mi caso otra se vuelve loca o enferma de los nervios o enferma en el hospital, y conocí muchos que an muerto de depresión, ataque al corazon por la mala perversidad de personas que no tienen lastima de su prójimo, y yo tengo unas grandes orejas de escuchar hasta de la TV. Radios y Publico es completamente insoportable de vivir solo de maldad que harta, lo malo cansa también en

Tusculum St. Fue diferente vivir tuve un poco de paz, pero mi felicidad nunca se acabara porque pertenece a mi Padre Creador, después de 21 anos tuve mi flat no diré que no fue como en Rose Bay Salisbury St, donde tuve mi departamento y pagaba $65 dolars en 1976 y Trabajaba en T.A.F.E, pero mas o menos igual. Lo pase muy bien lo único que era nuevo y las paredes eran débiles donde se escuchaba todo de los vecinos de sus actividades de toda las noches que mata las emociones quien lo oye y los ve a esas personas que son solo traicioneras a sus parejas, son increíble de lo malo, pero no vale mencionar nada, hoy escucho y veo y callo.

5/9/99

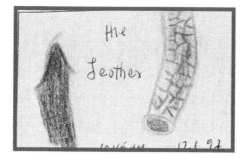

83. Victoria Building Sydney 17/1/97

Estudio 1 Victoria Building
Una tienda de casacas de cuero
La mayoría eran de color negro
Me probaba uno y otra casaca
A siempre vista eran bonitas
El vendedor amable y dedicado
allí encontré terribles detalles
El corte del hombre de las mangas
Estaban cortadas demasiado
En la otra manga estaba torcido
La que coció estuvo apurada
Lo coció torcido y lo cerro
Me imagino por hacerlo rápido
Todos salieron de los talleres

Sin revisarlos, no experiencias
Por otro lado ahorran dinero
Tiempo dinero para revisarlos
El problema esta en los mercados. 10.45am 17/1/97

84. Poker machies 1/3/97

Quien gana reirá
Quien pierde llorara
Los nervios se estremecen
Colera, rabias, y perder
Todo es voluntad
Majestad entretenimiento
Todo mi super lo pongo allí
Como y bebo y paro limpia.
Es vida también y descansar.

Son mis imaginaciones que el hombre se rompe el
cerebro para inventar cosas an usuales como para
ganar dinero y ayudar a las personas como puede
entretenerse y disfrutar del dinero, así nacen tantos
cosas magníficas para casa y el comercio, para eso
son los científicos tecnólogos y en el mundo me

imagino su prioridad es para ganar dinero, yo no
me imagino para ayudar al prójimo en especial para
las personas de edad avanzadas que no traban solo
tienen de estar en casa, sino se sentirán aburridos,
es triste las personas que no tienen hobby o otros
métodos para disfrutar la vida, porque siempre no
pueden estar en las maquinas jugando se necesita
dinero para disfrutar pero la realidad no les funciona
el cerebro y buscar como perder el tiempo diariamente
porque la noche es para descansar y dormir.

Las maquinas son riscos de perder dinero depende
la buena racha, Gamble depende de uno si tienen
dinero saludable mente se divertirá y no como otros
hasta su casa lo pierden, par personas mayores que
no trabajan es mas mejor para ellos y se les pasa el
tiempo así. 1/3/97

10-6-97

85. Shop of Doble Bay

I am never sow Thi little one
Really, is very beautiful that bag
Was it display in 1/2 price
Since long time ago
I was looking for a little bag
Is real looks hight price
All made of leather
Original and hight quality
Made in Italy for El Campero
I am Crazy for them because
All them is very soft and nice
This little bag I've got
On the shop of doble Bay
Piere Cardin Paris
But the shopper Lady
Wasn't nice with me
Quick put me off. 10/6/97

86. Paper serviette casino 13/10/98

Estuve en el casino almorzando donde venden comida sirvas e usted mismos, donde hay mucha comida para comer, donde estuve sentada y al frente se sentaron un pareja, se servían demasiada comida en los platos luego la mujer le dice cómetelo tu, luego se va a traer otro plato de diferentes potajes, y se traía varias servilletas uno lo ponía a la mesa y los demas lo ponía a su bolsa, personas de malas cualidades y costumbres, luego la asfaltare viene y lo lleva todo sus utensilios de la mesa, luego el hombre se levante y va a traer te y mas servilletas y galletas, cuando regresa viene y le dice polo a tu cartera también, esas personas me dan nervios, que costumbres tan feas tienen. Yo no les miraba para que no calculen, lo horribles que eran y de malas costumbres, siendo pobres así se hacen mas pobres su futuro. 2.30 pm

"What a Mess up"

87. shop: good Buy 28/12/98

What atmosphere there
. So awful, the customers
. Made me to aghast
. Perhaps the selling things
. To, chips and special
. The customers have own choice
. Por this side all mess
. Just can not believe
. The clientes there very special
. After the Christmas Day
. They are put really craziness all them
. Not works, finish sick and tire. 28/12/98

2-10-96

white flies

88. Que plaga invade los Jardines WH

Había llegado a casa in Woollahra
Como a mi me gusta el jardin fui a ver
Veía que la plaga de caracoles habían
Lo hecho comida especial para matarlos
después de tres dias habían muchos muertos
Sus cascarones lo recogí casi todos
Los puse de adornos adentro de casa
Hace un ano no veo mas iguales
Unos que otros veo, uno o dos
Después hay otra plaga que destruyen
Los cogollos de las rosas y limones
También lo eche veneno y murieron

No muchas yerbas malas hay
Lo llene de hojas de arboles
Hoy es mejor con flores y verdes.
15/10/96 2pm

89. Hormigas W H 18/9/96

At 6.45am me levante hacer mi te
Y veo que cientos de hormigas
Salían de Macroway a la tetera
Eléctrica se almacenaron en el
Asiento de la tetera eléctrica
Pero el ano pasado no hubieron
Pero este ano salieron varios veces
Lo encuentro en la miel y en el
lavaplatos talvez por el verano
En Peru supersticioso dicen
alguien se va ir de la casa
Como en 1969 salió hormigas
De mi cama a la puerta
De la calle como una soga
Negras y gruesas salían hormigas
Mi madre dijo alguien se va muy lejos.

90. Tresure W H 2/4/97

La mañana 9 de Abril muy de mañana
Tuve un sueno seria por alli a las 4am
Veía una niña que me miraba
Estaba asustada quería decirme algo
Pero no podia hablar
Era una niña con cerquillo
Yo decía que puede ser que sucede
Lo veía sus dos colmillos
Su boca estaba abierta
No tenia mas dientes
Pero si como dientes eran
Sus pelos de Tresure
Fui a tocarlo donde me disperte
sali de mi habitación un poco preocupada
Luego le di su leche a Tresure
Estaba contenta todavía y me saco la lengua
Con cariño y muy dolorida,
Soné que había muerto y me preocupe. W H 2/4/97

Cuando regrese de casa a las 4pm Coleen me dice: Tresure se fue, ya sabia todo esto que había de pasar, había pagado $85 dollars que lo pongan una inyección y muera, me sentí muy dolorida porque había sido mi compañera cuando las señoras viejas (es dueña y su house keeper) llenos de maltratos me hacían sufrir todo los dias desde que había llegado a casa a vivir con ellas, llore mucho demasiado dolor que se vaya una perrita o persona que te hace la vida feliz, aun que no tenia boca para hablar pero sus caricias y compania eran bárbaros hasta la fecha lo extraño, por eso es la razón que escribo este libro que es mi real historia de mi vida que no puedo tener espinas para volverlos a espinar, como en mi libro que lo llama "Rosa without thorns in Cold house in Woollahra" donde hablo todo durante los dias de mi vida en esa casa.

Desde 1995 hasta 1997. 7pm 9/4/97

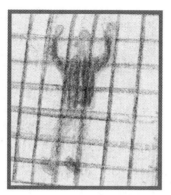

91. Un niño malcriado

Después que murió Tresure trajeron otro perrito blanco macho, pero a Coleen no le gustaba, porque era inquieto y travieso hasta en los cojines quería tener sexo un macho perrito completamente eso fue la razón que Coleen lo dio a los policías.

El día estuvo lluvioso friolento, oscuro por allí las 5am el día 11 de Mayo, me despertaba de un sueño que fue algo curioso, veía afuera de mi dormitorio en la ventana un niño malcriado que subía rápidamente por la pared un niño de dos años por allí o tres de edad, vestido de una saco azul, y pantalón verde, cada ves que subía me miraba con sus pelos rubios o blancos, era de día con sol de buen brillo pero no lo se si estaba en escalera porque subía tan rápido mirándome que no salí de mi asombro tan claro lo miraba. WH 14/5/97

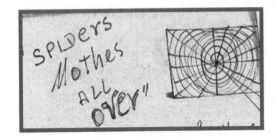

92. Spiders and Mothers
MH 29/10/98

Very unpleasant inside has the house
Untidy and very dirty
Who live there in the house?
Academic medic, enferma mental
She eat untill get sick, likes dull
Not has shower at all
One day did we went to the beach
Not wash her clothes and sheets
She done ones a te towel
She is not clean her room
The lunchroom is smell terrible
Also it come from her room
The house was full the spiders webs
For my room run big black spiders
And all the ceiling are plenty
Of spiders, moths and webs

On back of the doors, bags of moths
Also all over the house what mess. M H 29/10/98

Eso paso cuando recién llegue a casa a vivir era una
lastima no porque tenia enfermedad mental sino era
una señora que no miraba al rededor solo escuchaba el
teléfono para conversar y ser invitada por alguien que
sea hombre, y a mi me miraba como a su psicóloga
de cabecera, todo los dias era insoportable no hablaba
una sola palabra pero cuando lo llamaba un hombre
que siempre lo llamaba todo los dias dos o 4 veces al
dia, cambiaba de actitud, era otra personas.
Algunas veces era su Psicóloga y en otras veces
era su sirvienta solo con sus extracciones, porque
nunca me dijo nada hace esto o hazme el favor nada
era por completo una persona que estaba picada de
la mente (por estos dias ya esta muerta se cayo del
balcón de su casa donde se fue a vivir, porque un dia
me quiso ahorcar me agarro del cuello y me subió
alto, como era tremenda mujer de Cortica y B.M
lo cambiaron inmediatamente) porque era peligrosa
sufrir de mental enferma.

93. Allí había una planta de Azucena en M H

Los primeros dias de Diciembre
sali a caminar por el gardin
En la parte de atrás muy de mañana
Veo que una planta de azucena
había reventado tan hermosa
De un color rozado claro
Fui y lo corte solo una había
Que aroma tan fragante y esquisita
A mis olfatos muy rica, a mi vista
Lo traje y lo puse en en un litro de agua
En un botella de leche, porque no había otra
Que luzca mas hermosa en la mesa
Del comedor, fragante y linda a mis ojos
Digo a mis ojos porque la otra persona
No gustaba de nada, completamente tapada.
Sucedió en Anza Parade de Marubra Sydney.
Algo atros era por esos dias,
Pero no se podia hacer nada por ella
Una persona cuando adquiere enfermedad mental
Es para toda la vida no tiene cura, o tienen que

Pasar el resto de su vida tomando pastillas. MH
26/12/98

94. Mariposa blanco y negro

Que hermosa Mariposa
Vuela y vuela todo los dias
Hoy dia fue negro y blanco
Grande muy grande y bonita
Algunas veces asientan
Por unos minutos y sigue su camino
Pero siempre me rodean
Adonde voy como perritos
Mariposa, Mariposa tu eres
Si fuiste hecha para mi
Algunas son dos me rodean
Hermosas Mariposas corren
Yo les miro a lejos no se dejan agarrar

Porque sus pobres alas se ajan. MH

Después que se fue de la casa esta señora, yo me quede sola en casa, pero a decir verdad nunca solo, veía pájaros, mariposas, que me visitaban y chutes que gritaban en mi sala que había traído el macetero así estuve acompañada por el tiempo que debería estar y luego me cambiaron era casa de B.M. que son organizaciones que ayudan a personas que están en situaciones miserables de mental enferma, para mi fue que me ayudaron porque el publico y los radios TV me manipulaban todo los dias hasta unas personas de mente sana pero ansiosas de felicidad enfermas del alma me patearon y era horrible que lastima de mencionar todo esto. Donde alli aprendi y vivi como es la mente cuando esta enferma y no tienen cura, para el resto de su vida tienen que tomar pastillas.

Vale mencionar también porque me impresionaba tanto real mente la vida en Australia cuando los animales invaden una casa cuando tienen llenos de frutas. La casa donde vivía MH había muchos mangos, paltas cerezas limones y otras frutas, así que las Dryandra Moth Caterpillar y Bugs o tapies de red beetles se apoderaron de sus cogollos de las plantas y todo lo comían, eran estos animales insoportables, allí he comido muchos mangos, y paltas, después los demas solo arboles estaban sus frutos chiquitos y no crecían así se caían al suelo ni los pájaros lo comían, mas la tierra era arenosa y peor no había mas remedio para mi para hacer por ellos. demasiadas plagas habían en el pequeño huerto.

Porque las cucarachas, aranas negras, polillas, lo comían sus hojas y los cogollos y estaban picados por los batracios, así como la madera es picado por la polilla cuando no es buena la madera se vuelve harina y sirve solo para votarlo o quemarlo. 22/1/99

95. Rockdale waking on the beach

A simple vista vía muchos aves estando en el agua, de muchos colores se veían maravillosos, la mañana era hermosa, y cuando yo me acercaba mas a la verdad no eran aves tampoco era agua sino era mi imaginación sino yo estaba caminando por las calles de Rockdale, que un árbol de colores lilas se había desnudado todo sus hojas, y se veía maravilloso en el suelo, y me parecía que estoy caminando en una alfombra de colores, mi impresión era si era cierto o no, pero si era verdad y el árbol se veía sin hojas porque todas se había caído, la mañana era 5.30am las aves cantan y oran a su Dios Todopoderoso, me acompañan y me saludan.

Ho Dios todo poderoso, eres tu único Dios
Grande de generación en generación
aquí en la tierra te alabamos
En el Cielo también lo hacen sin cesar
Gracias Padre Creador
Por haber me creado, para alabarte

Pisaba la alfombra tan asombrada yo me regocijaba mucho es verdad es creado en la tierra. 11/11/97

96. Federico Street Rockdale
rumbo a la playa 22/9/98

Todo los dias salia de casa en las mananas iva a
nadar a la playa, y
Cuando estaba en casa siempre salia a caminar por
la parte de atrás de la casa, porque adentro éramos
muchos y no salian de mi asombro porque estas
personas no les gusta salir al aire fresco donde hay
plantas y aves que cantan, también hay lagartijas,
aranas, también era otras veces aves que volaban y
estaban recogiendo las migas del suelo. El lugar era
como pasadizo y teníamos que pasar de todas maneras
por ese lugar, en una de estas mananas, pasaba y
veía una lagartija que casi lo pisaba y lo mataba,
así igual como las aranas, pero pensando decía estos
animales no tienen lengua y no ofenden he irritan
con su lengua, así que les dejaba que se pasen por el

patio, esa mañana salía con que cólera porque me manipulaban las personas que vivían allí, todos eran bruscos, haraganees, sucios, borrachos hasta dragas se inyectaban que miedo y susto tenia allí en esa casa de murciélago solamente. Esa mañana pasaron muchos por mis pies alce mi pie para matarlo, y cuando alce el pie a pisarlo no era lagartija si era una hoja seca igual a lagartija. Que sorpresa para mi y pobre animal se libro de la muerte. así que me quede pensando por esta sorpresa que tuve, alce la hoja y lo miraba bastante de donde había venido esa hoja no era de la casa si no el viento lo trajo para mi. 22/9/98

97. El lugar. De Racdale son lugares bonitos muchas casas mucha gente pero lastimoso, nadie se quiere como deben quererse, como debe ser para poder decir nosotros vivimos en Australia y todos somos persona con inteligencia recibe dinero del govierno, los chicos que sale del colegio o universidades hasta que consigan trabajo el Govierno les da dinero, también los desabilitados, y los pensionados, uno recibe dinero suficiente para vivir y comer bien, yo a decir verdad recibo dinero del Govierno desde que me votaron de T.A.F.E donde trabajaba en oficina, ademas soy Tecnóloga en Diseño de modas desde el ano

1984 no trabajo, pero me he dedicado a escribir, pasear, comer, vestirme, me gusta ser honrada con el Governo, también soy muy devota a mi Senor Dios que nos a creado, y por el estoy sana de salud no tomo medicina, en ningún momento, pero como soy hecha de carne y hueso me duele las muelas los ojos, pero es normal, uno necesita curación y el Govierno nos da dinero para curarlo, poreso estoy muy agradecida del Govierno Australiano, porque realmente es bueno con su gente Australianos, y vale la pena decir estoy orgullosa de este país, por eso yo me voy a Sud America y me regreso porque vivo en Sydney como unos 40 anos y se como es su clima su gente y todo de Australia.

Mis Amigas cuando salimos actuar para que los ojos que vean se alegren chicas que no importa la edad damos alegría a los demas que nos ven y escuchan, somos bailarinas por mucho tiempo yo bailo desde que llegue a Australia, Sydney, 1974. Una de ellas es Australiana, Italiana, Indonesia, Thailand, Chaina, Peruana Yo, pero somos Australianas hasta la medula. 12/12/20 10pm

III

Mis Dolores no terminaban con muchas preguntas

25/5/1996

Yo no quise escribir antes que era terrible lo que me martirizaban de día y de noche, porque decían que soy Silvia, pues adonde estamos, yo soy un ser humano que siento, tengo orejas, mis ojos que no se cansan de escuchar solo malo.

Es una cosa insoportable que solo dios me tiene con vida y sana porque vivo para el y es el único justo, ademas es mi Padre amoroso para quien lo ama, porque en la tierra no hay justo.

Antes no lo hice porque me daba asco de vomitar lo malo que me daban todo los días y noches, mi espíritu estaba sobre salto de la crueldad de mi prójimo, en estos momentos no quiero ni pensarlo ni escribir porque me duele demasiado y mi espíritu llora todo los días, no solo soy su blanco sino también su víctima de los crueles, nadie ve con los ojos al espíritu poreso se pasaban los viles de martirizarme, así como la carne es machacada y los huesos, entonces dirán ya le duele, porque son ciegos viendo.

Cuando los espíritus se exaltan y son develes entonces el espíritu por ser débil adquiere todo malo, así haciéndose enemigos unos a otros, peor cuando no hay amor entre familia ni amigos, por eso le doy gracias a mi Dios por ser fuerte en su camino y en su luz, que no me lleva a ser violenta o perversa mala con espíritu endemoniado para que los demas vean tanto hace ser normales cuando se tiene el espíritu bueno y seguidores fuertes de Jesucrito, por que un divil y que no conoce las vías de Dios cambia rápido y se vuelve como animal como en Sur Africa los animales se comen vivos entre ellos es muy dificil.

20/6/996 (perrito)

Estuve una semana con Tricio
Lo puse su nombre Tricio, es su nombre
Una semana estuve con mi Tricio
Hoy día voló, voló donde se fue
No lo se adonde voló

Mu pequeño Tricio, donde puede estar?

Hoy dia 20 de Julio, cerca las 11 am y 4 pm

Lo busque todo el jardin, donde puede estar

No no puedo encontrar a mi pequeño Tricio

Una semana lo di de comer, y lo cuide

Ya lo encontre enfermo y lleno de frio

Hoy dia corre y se esconde

Donde estas? Mi pequeno Tricio

Primero, yo puedo encontrarte pronto

después me río! con gusto todo el rato

Lo he perdido para siempre!

Mi pequeño Tricio se corre muy rápido

Hoy dia me siento muy triste

Por Tricio se va corriendo y se esconde

Tricio volo!, volo muy lejos!

24/6/96

Cosas que no son justas en una casa me pone nerviosa
he infeliz, la razón es no es para me que hacen los
sirvientes en casa, porque yo soy quien soy.
El propósito es que en casa Coleen tiene sirvientes
como su house keeper que trabaja de Lunes a
Viernes, después Sandra que lo bana todo los días de
Lunes hasta Domingo, y ese insoportable todo los
días traía mensajes de los demas, y lo hacia rabiar,
ademas no lo cambiaba sus sabanas por semanas, era
atros, después tiene Michael que hace aseo todo los
lunes la casa, después su jardinera que viene de ves
en cuando pero lo paga, no lo se cuanto les paga a
sus empleados, no me importa ni los averiguo ni los
pregunto, ni son mis negocios, pero hay una cosa,
la house keeper lo roba su dinero, luego en casa no
lo atiende bien como debe ser porque tiene una joroba
que lo hace imposible estar de pie y trabajar, después
Sandra quien lo bana, cuando quiere no viene yo
tengo que banarlo por fin de semana, después la
jardinera cuando quiere viene, pero sin embargo
Coleen les paga, eso es la razón que me pone loca de
rabia como se aprovechan que es viejita de 98 anos,
que no puede hacer nada ni mirar que pasa con todo

las personas que les paga, y están en casa trabando ademas no le importa nada solo espera la muerte eso es todo, poreso tenia un gran dolor que lo traten así a una Asiana como se debe tratar aun que no lo paguen, porque ya son ancianos y se le debe tratar con cariño y respeto, eso es una caridad que se hace con los ancianos.

25/6/95

Es una discriminacion a mi persona ?

Si no esta contenta que se vaya a su país de donde vino?, que cosa tan rara que pueda suceder estas palabras, yo no venia de Libano, Chaina, Sur Africa, o Europa, yo venia de America en Avión de Qantas, fui invitada por la embajada de Australia, que trabaje en Australia, y cuando llegue nunca trabaje como burra con dos trabajos haciendo trabajos duros, y también tantos cerezos por años an vivido del desempleo hasta dos desempleos les pagaba el Govierno, yo no he sido una de esas eso es robar al Govierno, yo fui agradecida del Govierno porque yo solo pague $100 dollars para el avión y la acomodación fue gratis para mi y a todas las chicas que venían por Govierno Australiano, donde nos tuvieron graties por 3 meses en YWCA en Sydney, y ellos nos buscaron trabajo para cambiarnos de casa, pero como yo no fui una chica avara y hambrienta al dinero, "uno no puede vivir sin dinero pero no es prioridad", ademas, yo no era de trabajar en factorías o house keeper, o domesticas, deje el trabajo y me puse a estudiar Ingle full time y el Govierno Australiano nos pagaba semanal $32 dollars todo las semanas, antes trabaje 4 horas cuidado con niños Rose Bay Familia Burns quienes hoy son mi amigos, y me pagaban $2.50 la hora, y con eso vía pero todo era barato. Poreso yo trato de hacer entender que para nadie la vida es fácil menos cuando no se tiene familia o amigos. Eso es lo que pasaba en la casa que vivía Casa Fría de Woollahra, después tal ves un dia cuente quienes me hacían imposible mi vida llamándome "Wog" en centros de estudios en TAFE, donde me votaron después de 7 anos y me quede sin trabajo en 1984. Y desde alli me dedique a escribir libros y poemas, liricas, cantos, sonetos que nunca o he publicado.

5/9/195

Quien es el culpable de todos estos maltratos a mi persona?

Para mi no es que el publico me tenga lastima, el propósito es que no suceda con otras chicas como yo sean martirizadas el alma, que a ninguna lo deseo el martirio del espíritu que es lo mas fatal, mas doloroso que la carne o los huesos que pueda suceder a un ser humano.

Parece mentira pero es cierto, me conocí en hombre from U.S.A California como lo llama siempre en mis escritos, este hombre jamas me dio bien, desde que lo conozco, hasta la fecha nunca lo veo se cara ni me llama con su nombre (2020), pero eso si con el publico en los radios, TV, el mismo llama y me ataca y me controla, me juzga, me desnuda robándome mi valeos, y solo haba mi mal con todo el mundo, porque? Dice que es para protegerme de que yo no soy mariguana, ratera, prostituta o me guste los hombre, yo soy una persona que mora el amor de Dios, y no me justa juzgar a nadie, porque el mismo Christo juzgará al ultimo cuando venga.

Porque me hace su víctima, me sofoque a, me tuerce la suerte, me da mal por todo sitio, y todo el mundo lo creen por que tiene mucho dinero y les da trabajos, les regala grandes obsequios, les adula, les lleva a disfrutar, les invita personal, y para mi nada, solo me tiene como su materia para que use, a publicado mi vida, me a martirizado y no me da dinero, otros malditos disfrutan mi dinero y para mi no me da nada ni un centavo, ni un chocolate, ni una tarjeta para; las Navidades, que significa esto que solo es mi contrario, y solo me usa como material que no termina sus vilezas y crueldad por la nada ya an pasado mas de 40 ano es mi vida solo para el cruel vil no es justo.

Que puede ser esto no es una historia buena solo que se dedique a martirizar a las mujeres que les pone en calor, eso no es justo, yo digo la verdad, hasta la fecha solo dice me va dar mi cheque Yan pasado tanto tiempo que dice y no me da nada, en mi cuenta cero, solo recibo pensión, y no extra de nadie porque dice les llama por teléfono no le den dinero, no necesita, eso es brutalidad, yo esperando lista para que me curen los diente, etc, y el haciéndose cirugías plásticas tomado medicina por cruel es el culpable de no pensar con la cabeza, las personas no puede vivir mas de 120 anos, uno necesita en su tiempo dinero y no cuando no es necesario lo que se pasa de bastardo maricon le gusta solo hacer vilezas.

Domingo, Domingo Domingo
Casi soy estrangulada,
Mi mejor amigo gritaba
Mas las palabras oía
Cantos hirientes me traspasaban
Dias y noches quedan
Cual fue la culpa habida
Me pegaron, me humillaron
Me estrangularon varias veces
Domingo, Domingo, Domingo
Mi testigo de mi martirio.

1981 Sydney y America

1   Porque Mis Escritos vuelas como el viento por todos los oídos?

2   Porque todo el mundo sabe de mi solo mal?

3   Porque soy pasiva con todo el mundo?

4   Porque mi vida es an común ante los oídos de todos que escuchan?

5   Porque tanto pretenden, tienen oídos y no escuchan, tienen ojos y no Ven?

6 - Porque yo no camino simple mente con gente ordinaria no se puede
Decir nada ni comentar nada?

7 - Porque las personas crueles y viles tienen addiction a ser perversos?

8 - Porque soy popular?

9 - Porque yo no me gusta molestar a mi prójimo?

10 - porque tanto me codician he envidian especial el viejo Californiano?

11 - porque tanto tiempo me tienen como su rea?

12 - Porque tanto me martirizan no es justo?

13 - Porque tanto el martirio del espíritu?

14 - Porque mienten diciendo que soy tora y me gusta cornear?

15 - Porque cornean unos a otros? simplemente no tienen satisfacción espiritual, su alma no es feliz?

16 - porque aquí no es tu casa te vas? That is ignorancia

17 - Porque Mrs. Rich deci a "no longer will be here"

18 - Porque hasta Mrs Rich (98 anos) quería ser como yo?

19 - Era la razón que tanto me molestaba hasta que murió?

20   Porque no disfrutaba de su vejes, era cruel y
   mala?

21   Cuando decía es tu imaginación tu no tienes
   enamorado?

22   Porque eres ridícula, pequeña, traicionera,
   india, no entiendes
   English? Cerca 2 años me dio su veneno todo los
   días?

23   Porque tanta brutalidad en el ser humano?

24   Porque tengo tantos enamorados en mi vida?
   Hasta se an alocado

25   Porque los seres humanos cuando tienen
   demasiado dinero se les sube
   Los sumos? Simple mente no entienden de los
   demas no tienen amor
   De su prójimo.

26   Ademas nosotros somos hijos de Dios, que en
   un minuto nos puede
   Quitar la vida en un cerrar y abrir los ojos.
   Porque somos sus
   creaciones?

27   Porque el Californiano quiere ser mocho, por
   eso no viene a a mi
   Ni me da bien, solo esta al tanto de mi le gusta
   juzgare por 38 años

Y Controla por teléfono cambia de voz, Facebook, y con todos los quiere molestarme.

28 - Porque el Californiano tiene pena por sus sirvientas y no por mi?

29 - Porque todo el mundo quiere compasión material pero no espiritual?

30 - Porque la tierra esta llena de maldades? Porque el contrario de Jesu Christo el diablo que hace maldades?.

Podré decir también porque el ser humano se acaba mas haciendo ejercicios o actividades físicas, hay un asunto también aquellos que sufren enfermedades del espíritu, se alocan de la mente, se enferman de los nervios, en un momento se transforman en diferentes personas por eso hay tantas muertes, se matan unos a otros, a sus padres, a sus hijos, se aborrecen unos a otros por la nada, o sea que el débil reina en la tierra que es el enemigo de Dios y contrario de Jesucristo, el amor no existe esta frío por completo es una lastima que la cabeza no les funciona para nada bien.

Un verso 1995

She is not good for you!

He is not good for her!
That is oposición, oposición!
She is not a lady, to rough!
She is ridiculous in home!
She is an aceptable!
She has an extra man!
That is oposición, oposición!
He is a silly full!
He is a silly S S S (Shit)!
He is a boy and stupid!
He is only good por Colleen only!
That is oposición, oposición!
On Perth Lensay Douglas!
Said a lots people, she is a M.R.S.!
Kawarich, and all serviettes!
Know and pretend like an ignorantes!
That is oposición, oposición!
That are ignorantes and stupids
That is world of Dr. Kawarich!
That is stupid very stupid!
Too many Greek looks!
Too many Hall little!
For otro sides with their gents!
Public said me is yours!
Yes, every one pretend!

They are my oposiciones!
Myself not any helps!
That are why my ideas,
Then ignorar, and revealed
Is my writing and all in my books
"Never have other like me and
Never will be other like me"

9/9/1990 pesares del ser humano

La colera y la rabia
Del ser humano enloquecen
En unos su defensa palabras groseras
En otros peleas y rasgunos
En otros odios y desprecios
En lo demas matanzas y valencias
Esos son las mentes de los cerebros
Mi misión no es ni uno ni otro
Mio es paz, felicidad y no peleas
Menos palabras feas, o ofendedoras
Peleas es de gente ignorante no son felices
Basta ya salvajes animales que no piensan
No ten tengan ventaja es un crimen
Porque me odian, desprecian, y presionan
Reportar de mi como malditos
Son como arboles que se caen sus hojas

Hasta su próxima época que floren
Si el viento y la lluvia les visita y los lleva.

Hay un dicho que dice: "ojos que no ven, corazon
que no siente"

Per en esta vida, depende de uno ser feliz aun que
higa muchas oposiciones en la vida así como yo por
todo sitio tengo oposiciones desde que llegue del Peru
(1974) todo era por envidia celos, codicias, mis
mismas compatriotas, eso es la razón no prefiero tener
amigas de mi mismo país, ademas uno esta viviendo
en un país que se habla Ingles y se debe practicar el
idioma, que será un gran escalera para el emigrante,
ademas no depende del tamaño, o ser hermosos, o
inteligentes, y pertenecer en una clase alta como
fueron en su país con su familia por lo menos clase
de educación y cultura, que es mas lindo y precioso es
ser honesta y amar al Padre Creador que esta en el
Cielo y el nos a creado a su imagen, y se debe guardar
al Padre con el cuerpo y alma, para que el nos libre de
tanta maldad y enfermedades que acarrean a los ser
humanos. Yo desde que llegue del Peru a Australia
me he llenado de contrarios, pero no les tengo cólera
o rabia, aun que las palabras y sus extracciones de

171

los contrarios son liquidadores, igual como echaran veneno a los oídos y cuerpo completamente fatal para cualquiera. Ademas es un crimen ilegal molestar al ser humano por la nada. Que estos que se satisfacen haciendo mal a los demas tarde o temprano recibirán su castigo del Padre Creador quien ama mucho a sus hijos pero si no lo guardan, que se puede hacer nada. Tengo mucho que contar y decir me faltaría tiempo y papel para contar solo malo, y no vale el caso. Fin.

Printed in the United States
By Bookmasters